예민함 내려놓기

남보다 예민해서 힘든 사람들을 위한 내 안의 바늘 길들이기

예민함 내려놓기

오카다 다카시 **지음** | 홍성민 **옮김**

어크로스

예민함에 지친 사람들에게

이 책을 손에 든 당신은 분명 예민함 때문에 괴로워하고 있을 것이다. 어릴 적부터 예민했던 나 역시 많은 상처를 받으며 자랐다. 내가 정신과 의사가 된 것도 그런 경험과 관련이 있다. 내가 예민하기 때문에 환자의 고통에 깊이 공감할 수 있다는 점에서는 나에게 꽤나 잘 맞는 직업인지도 모른다.

예민하지 않은 사람은 그 고통을 이해하지 못한다. 예민한 사람들에게는 예민함 자체보다 예민함을 이해받지 못하는 데서 오는 고통이 더 크다. 둔감한 사람은 예민한 사람을 지나치게 섬세하고 겁쟁이이며 심지어는 비상식적이라고 생각할 것이다.

대학생 때, 이사한 지 2주일 만에 다시 이사한 적이 있다. 안 그래도 없는 돈을 탈탈 털어야 했는데, 옮겨야 할 책도 너무 많아서 엄청 고생했다. 하지만 그럴 수밖에 없었다. 이사한 아파트는 국도 가까운 곳에 있었는데, 교차로에서 차들이 속도를 줄이거나 올리는 소리 때문에 도저히 견딜 수 없었기 때문이다. 그렇다고 아파트가 국도와 바로 맞닿아 있던 것도 아니었다. 내가 있는 아파트와 도로 사이에 건물이 하나 있어서 괜찮을 거라 생각했는데, 나의 청각과민을 제대로 이해하지 못했던 것이다.

그다음에 찾은 곳은 도로에서 한참 떨어진, 커다란 절과 정신병원 뒤쪽에 자리한 아파트였다. 이전에 크게 데었던 만큼 신중을 기했다. 몇 번을 가보고 집 옆에 서서 귀를 기울었다. 그렇게 조용한 동네라는 것을 확인한 후에 계약을 했다.

그런데 이사한 다음 날 굉음에 놀라 잠에서 깼다. 굉음은 하늘에서 쏟아져 내렸다. 비행기였다. 그곳은 나리타 공항에서 도쿄만 쪽으로 빠지는 항공로 바로 아래였던 것이다. 하루에도 몇 번씩 제트기가 요란한 소리를 내며 상공을 통과했다.

말 그대로 머리를 감싸 쥐었다. 더는 이사할 돈도 없고 달리 뾰족한 방법도 없었다. 그나마 다행한 일은 하루 종일 시끄러운 도로와 달리 비행기가 지나가는 순간만 견디면 다시 조용해진다는 것이었다. 결국 나는 그곳에서 1년을 보냈다. 살면서 가장 많은 철학 책을 읽은 것도, 철학을 포기하고 의대에 들어가기 위해 공부를 다시 시작한 것도 그 아파트에서였다.

예민함 내려놓기

굉음에 내성이 생긴 것은 아니다. 그 후로도 도로나 철길에서 되도록 멀리 떨어진, 마을 중심가와 먼 곳에서 살게 되었다. 도쿄를 벗어나 교토로 간 것도 그 일환이었다. 달라진 점이라면 이제는 이사할 때 도로뿐 아니라 하늘에도 신경 쓰게 되었다는 정도다. 그렇다고 해서 집을 구할 때마다 부동산 중개소에 "여기 위로 비행기가 지나다니나요?" 하고 진지하게 묻는 것도 어딘지 이상해 보일 것 같았다.

그런 상황을 상상하면 '비상식적인 인간'으로 보인다는 의미가 이해될 것이다. 예민한 사람과 그렇지 않은 사람의 '상식'에는 큰 차이가 있다.

예민한 사람의 고통은 차원이 다르다

예민한 사람이 직장생활을 힘들어하는 것은 자신의 상식에 동의하지 않는 사람이 대부분이기 때문이다. 예민한 사람들은 고통을 감수하며 아무렇지 않은 듯 주위에 맞춰야 할 때가 많다.

당신이 예민하다면 이 책을 통해 자신의 기질을 잘 이해해서 어떤 생활방식과 사고방식이 행복한 삶에 도움이 될지 알아두자. 예민한 성향이 아니라면 부디 예민한 사람의 '상식'을 이해하고 배려하는 데 활용했으면 좋겠다.

나의 예민함은 소리에서 시작되었다. 정신과 의사가 되어 나와 같은 고통을 겪는 환자들을 만나고 예민함에 대해 깊이 연구할수록, 드러난 것은 빙산의 일각일 뿐 실체는 상상도 못할 만큼 크고 심각하다는 사실을 깨달았다. 그리고 예민함이 그 사람을 형성하는 데 깊이 관여한다는 것을 확신하게 되었다.

예민함이란 단순히 타고나는 것이 아니라 각자 어떤 환경에서 어떤 상황을 겪으며 살아왔는가에 따라 심해지기도, 덜해지기도 한다. 나 같은 사람은 소리에 대한 예민함만으로도 우스꽝스러울 만큼 소란을 피우는데, 사랑받지 못하고 멸시당하는 것에 예민한 사람들의 고통과 아픔은 이루 말할 수 없다. 그것은 때로 사람의 목숨을 빼앗을 만큼 심각하다. 사회생활도 잘하고 행복하게 살고 싶은 사람이라면 예민함에 대해 잘 알아야 한다.

'아주 예민한 사람'에 가려진 진실

이것은 전문가보다 실제 예민해서 고통스러운 사람들이 더욱 잘 느낄지 모른다. 그런 잠재적인 요구 때문인지 최근 HSP라는 용어가 널리 퍼졌다.

HSP는 'Highly Sensitive Person(매우 예민한 사람)'의 약어다. 이 용어를 처음 사용한 사람은 융Jung파 심리학자 일레인 아론Elaine N. Aron으로, 그녀의 책을 통해 널리 알려졌다. 그러나 정신의학이나 임상심리학 전문가들은 이 용어와 개념을 묵살해왔으며 별 관심을 두지 않았다. 제대로 정신의학과 임상심리

예민함 내려놓기

학을 공부하고 연구한 전문가일수록 더욱 그랬다.

이유는 몇 가지가 있는데, 먼저 '매우 예민하다'는 증상만으로 그런 경향의 사람을 일반화하는 것은 과학적으로 정밀하지 못한 엉성한 논의라 여겼기 때문이다. 매우 예민하다는 증상만으로 그런 기질의 사람들을 뭉뚱그려버리는 것은 정작 예민한 사람들을 제대로 이해하지 못하고 부적절한 조언을 하게 만들 위험도 있다.

예를 들자면 그것은 '열이 높다'는 한 가지 증상만 보고 '열병'이라는 진단을 내려 동일한 처방을 내리는 것과 같다. 똑같은 고열 증상을 보여도 인플루엔자나 편도선염일 수도 있고, 결핵이나 세균성 폐렴인 경우도 있다. 때로는 백혈병이나 림프종으로 인해 열이 날 수도 있다. 잘못 진단하면 생명을 잃을 수 있는 것이다. 정확히 진단해서 원인에 맞는 치료와 처치를 하지 않으면 예후가 좋지 않다.

'매우 예민하다'는 증상도 여러 원인이 섞여서 생기는 것이다. 불안을 강하게 느끼는 유전적 영향일 수도 있고, 학대받으며 불안하게 성장한 결과일 수도 있다. 반대로 부모의 지나친 간섭과 과보호로 스트레스에 대한 내성이 생기지 않았기 때문일지도 모른다.

똑같은 예민함이라도 원인에 따라 전혀 다른 신경계가 관여한다. 불안을 다스리는 신경계가 약해도 예민해지고 불안해하지만, 다른 신경계가 과하게 작용해도 그럴 수 있다. 그 대표적인 예가 도파민dopamine 신경계다. 어떤 병에 걸린 사람은 도파민 신경계가 지나치게 활발해진다. 이런 예민함을 단순한 경향으로 생각해 방치하면 증상이 심해진다. 이는 뇌에 화재가 일어난 것에 비유할 수 있다. 즉시 적절한 치료를 시작하면 불이 크게 번지기 전에 진화할 수 있는데, '성격'이라 생각해 방치하면 큰불이 되어버리는 것이다.

'매우 예민하다'는 특성만으로 한데 묶어버리는 데에는 그런 함정과 위험이 숨어 있다. 그래서 정신의학 전문의는 위험한 논의가 될 수도 있다고 여겨 진지하게 다루지 않았던 것이다.

융파 심리요법가인 아론은 엄격하고 과학적인 논의에 얽매이지 않았기 때문에 그런 비전문가적 발상을 한 것이다. 이것은 아론의 약점인 동시에 강점이다. 융파에는 나름의 장점이 있지만 과학적 객관성이라는 점에서는 애매한 면이 있다. 융자신이 점성술을 비롯해 타로점, 강령술降靈術(점을 치기 위해 망자의 영혼을 불러오는 마술)을 연구대상으로 하며 집단무의식(개인과 민족을 초월해 인류가 공유하는 보편적인 이미지나 구조)과 공시성共時性(인과성의 원리를 초월해 여러 가지 일이 동시에 일어나는 것) 같은 독자적인 이론을 내세웠다. 오히려 과학적이지 않다는 데 의외성과 매력이 있다고 해도 과언이 아니다.

그런 융파 심리학자들이 예민함을 쉽게 설명하기 위해 이용한 개념이 HSP이다. 신경생리학과 정신의학의 전문가들이 그동안 HSP라는 개념을 어떻게 인식했을지 독자들도 이해가 될 것이다.

또 하나 예를 들자면, 폐암이나 대장암에 대해 암 전문의가 진단을 내리고 최선의 치료법을 고민할 때 '암은 단식으로 낫는다'거나 '암은 내버려두면 낫는다'는 식의 난폭한 생각에는 관심조차 보이지 않는 것과 똑같다. 1000명 중 1명쯤은 단식으로 종양이 작아지거나, 방치해도 악화되지 않는 사람도 있다. 하지만 그런 예외를 일반화하는 것은 위험하고 무책임한 행위다. 애당초 종류가 다양한 암이라는 병을 뭉뚱그려 논하는 것 자체가 전문가가 할 일이 아니다.

그러나 인터넷 시대인 지금은 전문가가 어떻게 평가하든 상관없이, 사람들이 관심 갖는 분야에 대해 누군가가 이해하기 쉬운 용어나 개념으로 설명하면 눈 깜짝할 사이에 퍼져버린다. HSP가 마치 전문용어인 것처럼 쓰이게 되는 것이다.

예민함은 자신을 이해하는 통로

그것은 바꿔 말하면 그만큼 많은 사람들이 예민해서 고통받고 있는데 정신의학과 임상심리학이 그런 현실에 충분히 대응하지 못했다는 말이기도 하다. 병명을 진단받을 만큼 심각한 사람도 있지만 정도는 약해도 예민해서 생활에 지장을 받거나 위축된 삶을 사는 사람들도 많다. 전문가는 증상이 심할 경우에만 진단과 처치를 내리는데 증상이 가벼운 사람들은 진단조차 받지 못한다.

최근 정신의학계에서는 병에 걸렸을 때와 건강할 때가 명확히 구분되는 것이 아니라, 어떤 병이든 그 증상이 무한한 단계를 갖는 '스펙트럼(연속체)'이라고 이해하게 되었다. 예를 들어 요즈음은 자폐증을 '자폐스펙트럼장애'로 인식해, 일상생활이 힘든 중증부터 평범하게 사회생활을 하면서 살아갈 수 있는 경증까지 포함하는 넓은 범위의 개념으로 바꾸고 있다.

자폐스펙트럼장애의 경우 경중의 차이는 있지만 몇 가지 공통 특성이 있고, 그 바탕에는 공통되는 뇌의 상태와 신경학적 병리, 유전자 유형 등이 나타난다. 당연히 대처 방법도 비슷한 경우가 많다.

자폐스펙트럼장애와 주의력결핍과잉행동장애ADHD 같은 발달장애의 경우 비교적 증상이 약한 사람에 대해서도 이해가 넓어졌듯, 예민한 사람에 대한 이해도 넓어져야 한다. 예민한 성향의 원인과 배경을 알고 적절히 대처해 보다 편안히 생활하고 싶은 사람들이 적지 않을 것이다. 그런 의미에서 의학적 지식과 근거를 토대로 예민함을 정확하고 올바르게 이해하는 것이 매우 중요하다.

정신의학적으로는 HSP라는 용어를 쓰지 않지만 예민함에 대해 유전자에서 심리적 차원에 이르기까지 많은 연구가 이루어졌다. 똑같이 예민하다고 해도 거기에는 다양한 요소와 원인이 있다. 그 사람의 특성이나 체질일 수도 있고, 개중에는 서둘러 치료해야 하는 경우도 있다. 또 예민한 이유를 찾다가 그 사람이 안고 있는 보다 근본적인 문제가 발견되기도 한다.

이 책은 예민함에 대한 연구성과와 임상적 지식, 구체적 사례를 많이 소개하고 있다. 내가 운영하는 클리닉에서 실시한 조사 결과와 새로 개발한 예민함 체크 리스트도 자신의 경향을 아는 데 도움이 될 것이다. 일상생활에서 느끼는 어려움과 앞으로 생길지 모르는 위험을 줄일 효과적인 대처법과 생활방식도 설명했다.

예민함에 대해 배우는 것은 자신의 유전 배경이나 자라온 환경과 마주해 자신을 이해하는 작업이다. 그 배움을 통해 보다 행복한 삶을 살기 위한 통찰과 도움을 얻기 바란다.

1

예민함, 바늘처럼 내 삶을 찌르다

내 삶을 좌우하는 예민함

조용히 흐르는 음악은 사람을 기분 좋게 한다. 그런데 그 소리를 고통스럽게 여기는 사람들이 있다. 병원이나 은행 대기실에 틀어놓은 TV 소리에 짜증을 내는 사람도 있고, 평소에는 차분했던 사람이 조금만 시끄러운 곳에 가면 안절부절못하는 경우도 있다. 소리가 멋대로 머릿속 깊은 곳까지 침입하면 뇌를 빼앗겨버린 느낌마저 든다.

냄새에 예민한 사람은 식당 앞을 지나는 것이 고역이다. 식당에서 풍기는 음식 냄새에 코를 막고 싶을 만큼 불쾌해지기 때문이다. 사춘기 친구들이 내뿜는 체취와 도시락 반찬 냄새, 신발 냄새가 역겨워 교실에 들어가기 힘들어하는 학생도 있다.

어느 전공의는 외과 전문의가 되려던 꿈을 접었다. 수술실이 그렇게 냄새로 가득한 곳인지 미처 몰랐던 것이다. 피는 아무리 봐도 아무렇지 않은데 전기 메스를 쓸 때 피부 타는 냄새를 맡은 순간 졸도할 뻔했다. 간을 수술할 때는 특히 냄새가 심해서 한동안 꼬치구이를 먹지 못할 정도였다. 그중에서도 최악은 정형외과 수술에서 맡았던 뼈 타는 냄새였다.

소리에 예민한 사람은 뇌 외과의가 되기 어렵다. 뇌 수술을 할 때 두개골을 열기 위해 사용하는 개두기craniotome라는 드릴이 엄청난 소리를 내기 때문이다. 이 소리를 듣기만 해도 얼굴이 하얗게 질려버리는 사람도 있다.

그런 특별한 소리뿐 아니라 일상적인 소음도 귀마개 없이는 견디지 못하는 사람도 있다. 지하철과 엘리베이터, 차를 타거나 지하도를 건너는 등의 일상적인 활동이 너무 고통스러워 사회생활을 거의 포기하다시피 한 사람도 있다.

정도의 차이는 있지만 이런 예는 의외로 흔하다. 하지만 우리는 잘 알아채지 못한다. 주위에서 이상하게 생각할까 봐 당사자가 말하지 않기 때문이다. 사회생활은 물론 외출조차 힘들어 집 안에 틀어박히기도 한다.

예민함은 어떤 의미에서 인생을 좌우할 만큼 심각한 증상이다. 감각에 대한 예민함도 힘든데, 심리적인 예민함은 더욱 심각한 영향을 미친다.

예민한 사람은 생각보다 많다

원래 예민한 기질인 사람의 수는 얼마나 될까? 이 물음에 답하기란 쉽지 않다. 일반인을 대상으로 조사할 경우 방법적인 어려움이 있다. 예민함의 기준을 무엇으로 삼느냐 하는 문제가 있기 때문이다.

많은 경우 그 경향이 강한지 약한지는 그 집단의 평균치와 표준편차(분산의 정도를 나타내는 수치)를 토대로 한다. 평균치에서 위, 혹은 아래로 얼마나 벗어나고(그것을 편차라고 한다), 그 편차가 표준편차의 몇 배인가로 평가한다. 그 대표적인 예가 바로 악명 높은 편차치(일본 입시제도의 상대평가 지표)라는 지표이다.

편차치는 평균을 50으로 하고 표준편차를 10이 되도록 각 데이터를 변환해서 집단 내에서의 데이터 위치를 나타낸 수치다. 표준편차 하나 값만큼 높은 점수는 편차치 60, 두 개 값만큼 높은 점수는 편차치 70이 된다. 편차치 60은 상위 16%에 해당하고 편차치 70은 상위 2%에 해당한다. 반대로 편차치 40은 하위 16%, 편차치 30은 하위 2%를 의미한다. 그러나 그 집단에 매우 우수한 학생들만 있다면 편차치 40도 다른 집단에서는 편차치 60이 될 수 있다. 어디까지나 상대적인 평가여서 비교하기 어렵다.

어떤 집단이든 평균보다 위인 사람은 50%이고 아래인 사람도 50%다. 즉, 평균보다 예민한 사람도 마찬가지로 50% 있다는 것이 된다. 그러니까 편차치를 적용하면 50%는 평균보다 예민한데도 예민하다고 말하지 않는 셈이 된다. 이런 것을 궤변이라고 한다.

이런 역설에서 벗어나기 위한 방법은 2가지다. 먼저 스스로 평가하는 자기평가법이다. 예를 들어 0~10까지 11단계로 평가해 6 이상이면 예민하다고 판정한다. 객관적인 지표는 아니지만 예민함은 원래 주관적인 것이기 때문에 어떤 의미에서는 본인밖에 알 수 없다.

이 방법으로 한국의 두 도시 서울과 울산에 거주하는 주민 2000명을 상대로 조사를 했다. 그 결과 예민하다고 느끼는 사람의 비율은 44%로 높게 나왔다. 절대적으로 다수라고는 할 수 없지만, 도시인 가운데 자신이 예민하다고 느끼는 사람이 더 이상 소수는 아닌 셈이다.

소리에 유난히 민감한 사람들

또 다른 방법은 규모가 큰 집단에서 조사한 평균치와 표준편차에서 예민함의 기준을 도출해 그것을 절대적인 기준으로 삼는 것이다. '감각 프로파일'이라는 검사에서는 이 방법을 사용한다. 한 개인이 얼마나 예민한지를 판단할 수 있을 뿐 아니라, 한 작은 집단에 예민한 사람이 얼마나 있는지를 판단할 수 있다. 실제로 내가 운영하는 클리닉을 찾은 외래환자를 조사해보니 ① 감각이 매우 예민하다 27%, ② 예민하다 27%, ③ 보통이다 43%, ④ 거의 예민하지 않다 3%, ⑤ 전혀 예민하지 않다 0%로 나타났다. 즉, 전체 환자의 54%에서 감각과민 경향이 보였다.

이것을 모집단(큰 집단)의 비율과 비교해보자. 모집단에서는 매우 예민한 사람은 2%, 예민한 사람은 14%, 보통인 사람은 68%다. 본래는 2%일 매우 예민한 사람이 클리닉 외래에서는 27%나 있다는 결과는 외래환자 중에 감각이 예민한 사람이 매우 많다는 사실을 나타낸다. 이는 감각과민에만 한정된 결과인데, 심리적인 예민함은 그 경향이 더욱 강해서 84%의 사람에게서 예민함이 보였다.

앞서 언급했듯이 한국의 서울과 울산 두 도시에 사는 2000명(최종 응답자 수 1836명)을 대상으로 한 조사를 보면 소리에 대한 민감함을 0~10까지 11단계로 평가했을 때 6 이상이라 응답한 사람(예민한 경향이 있다고 느끼는 사람)은 44%나 되었는데, 이들과 5 이하라고 대답한 사람(그다지 예민하지 않다고 느끼는 사람)을 비교하자 놀라운 사실이 드러났다.

예민하다고 느끼는 사람은 그렇지 않은 사람에 비해 당뇨병에 걸릴 확률이 1.54배, 고지혈증에 걸릴 확률이 1.62배 높았고, 향정신성의약품을 복용한 적이 있는 사람의 비율이 1.78배, 우울증 진단을 받은 사람의 비율이 2.24배나 높았다. 또 심한 스트레스를 받는다고 답한 비율은 1.89배, 불면으로 고생하는 사람은 2.05배, 불안장애에 시달린다고 대답한 사람은 1.93배였다. 이들 결과는 전부 통계적 유의차(통계적으로 유의미하다고 결론된 평균이나 비율의 차)를 볼 수 있었다.

또한 소리에 예민한 경향이 8점 이상으로 강하게 나타나는 사람은 평균 수준인 사람에 비해 우울증에 걸릴 위험이 2.64배, 불안감은 2.41배, 스트레스는 2.61배 높은 것으로 나왔다.

소리에 예민한 사람은 교감신경의 흥분상태가 지속되고, 그로 인한 자율신경실조(자율신경계와 관계되는 교감, 부교감 신경계의 이상으로 발생하는 증후군)로 우울증과 공황장애를 겪기 쉽다. 주위 자극에 과하게 반응해 스트레스 호르몬이 계속 나오고, 스트레스 호르몬에 노출됨으로써 화가 나는 것이다. 그도 그럴 것이 스트레스 호르몬은 쉽게 말하면 스테로이드(부신피질 호르몬)이다. 스테로이드를 계속 사용하면 위험하다는 이야기는 들어본 적이 있을 텐데, 예민한 사람은 스테로이드를 계속 투여하는 것과 같은 현상이 몸 안에서 일어나는 것이다.

이것은 소리에 대한 예민함과 건강 상태의 관련성을 조사한 것인데, 앞으로 살펴보겠지만 소리에 예민한 경향은 예민함의 정도를 판단하는 매우 유용한 척도가 된다.

부정적인 사람과 예민한 사람, 누가 더 힘들까

사고방식이 긍정적인가 부정적인가가 행복과 성공에 깊이 관여한다는 것은 잘 알려져 있다. 긍정적 사고는 여러 면에서 도움이 되고, 부정적 사고는 몸도 마음도 병들게 한다는 것이 다양한 연구로 확인되었다.

클리닉을 찾아온 환자들을 진찰하다 보면, 사고방식 이상으로 그 사람의 성향을 결정하는 매우 강력한 요소가 있다는 것을 알게 된다. 그중 하나가 바로 예민함이다.

실제로 클리닉 환자 300여 명을 대상으로 예민함과 부정적 사고가 사회적응이나 삶의 고달픔, 행복도에 얼마나 관계하는지 조사해 표 1과 같은 결과를 얻었다.

표 1의 숫자는 상관계수相關係數로, 양쪽이 얼마나 강하게 관련 있는지를 나타낸다. 상관계수는 −1에서 1 사이로, 마이너스(−)로 표시될 때는 음의 상관관계(두 변량 중 한쪽이 증가할 때 다른 한쪽은 감소하는 관계), 플러스(+)로 표시될 때는 양의 상관관계(두 변량 중 한쪽이 증가할 때 다른 한쪽도 증가하는 관계)

표 1

	사회적응도	삶의 고달픔	행복도
예민함	−0.47	0.71	−0.50
부정적 사고	−0.33	0.48	−0.44

가 된다. 또 하나 중요한 것은 절댓값(숫자에서 플러스, 마이너스 부호를 뺀 수치)의 크기다. 상관계수의 절댓값이 0.2 이상이면 가벼운 정도의 상관, 0.4 이상이면 중간 정도, 0.5 이상은 약간 강한 상관, 0.7 이상은 강한 상관이 있다.

표 1을 예로 들면, 예민함은 사회적응도에 중간 정도의 음의 상관관계(예민한 사람일수록 사회적응도가 떨어지는 경향)가 있고, 삶의 고달픔(사는 것이 고통스럽고 싫다고 느끼는 경향)과는 강한 양의 상관관계(예민한 사람일수록 삶이 더욱 힘들어지는 경향)가 있다는 것이 된다. 한편 부정적 사고는 사회적응도에 가벼운 정도의 음의 상관관계가 있고, 삶의 고달픔에 중간 정도의 양의 상관관계가 있다.

행복도에 관해서는 상관의 세기(상관계수의 절댓값)에 큰 차이가 나타나지 않았지만, 사회적응도와 삶의 고달픔에 대해서는 예민함이 부정적 사고보다 강한 상관관계를 보였다. 예민함은 부정적 사고를 능가할 만큼 사회적응도와 삶의 고달픔에 강하게 관계한다.

이 결과만으로 따져보면 부정적 사고와 사회적응도와의 상관은 그리 강하지 않아서 부정적 사고를 하는 사람이라도 그럭저럭 사회생활은 할 수 있었다. 반면에 예민함은 삶의 고달픔과 특히 강한 상관관계를 보였다. 이것은 내가 임상에서 환자들을 만나며 실감하는 것과도 일치한다. 사고방식이 긍정적인가 부정적인가 하는 것이 삶의 고달픔에 영향을 주지만, 그 정도가 예민함만큼 심하지는 않다.

내친김에 긍정적 사고와 부정적 사고에 대해서 좀 더 알아보자. 부정적으로 사고하는 습관의 일종의 방어수단으로 여기는 사람들이 많다. 그들은 최악의 사태를 생각하는 것이 나중에 덜 낙담하고 적게 상처받는다고 이야기한다. 부정적으로 생각하는 데에도 사실 이점이 있는 것이다. 실제로 지나치게 긍정적으로 생각하는 사람 가운데 크게 실패하는 경우가 종종 있다. 너무 긍정적인 나머지 쉽게 흥분하고 대담해져서 지나친 행동을 하기 때문이다. 크게 성공할 수도 있지만 그만큼 크게 망할 수도 있다. 긍정적인 성격이 되었다고 좋아했는데 폐쇄병동에 입원한 사례도 많다. 자신도 모르는 사이에 조증 상태가 되어버린 것이다.

부정적으로 생각하는 사람은 꿈보다는 현실의 혹독함을 먼저 생각한다. 기대되는 이익보다 위험을 의식한다. 큰 도박을 하지 않기 때문에 큰 실패도 없다. 물론 적당히 긍정적이면 가장 좋겠지만 부정적인 사고에도 이처럼 나름의 이점이 있다.

실제로 긍정과 부정에는 최적의 비율이 있다. 바로 4:1이다. 부정적인 면도 어느 정도 필요하다.

예민함이 부정적 사고보다 사회에 적응하고 생활해나가는 데 더 큰 어려움을 준다면, 예민함에 대한 이해는 그만큼 절실해진다. 이제부터 감각적인 차원에서의 예민함에 대한 대표적인 이론을 살펴보며 어떻게 평가되고 이해되었는지 알아보자. 그 의의와 가치, 그리고 한계가 보일 것이다.

감각의 예민함을 측정하는 법

감각의 예민함을 측정하는 방법으로 가장 잘 알려진 것 중 하나가 작업치료 전문가인 카타나 브라운Catana Brown과 위니 던Winnie Dunn이 만든 '감각 프로파일sensory profile'이다. 감각 프로파일은 던의 감각처리 모델을 근거로 하는데, 감각처리 모델은 신경학적 지식과 감각종합이론에 따라 만들어졌다. 가로축은 행동반응·자기조절, 세로축은 신경학적 역치를 나타내며 각각의 높고 낮음에 따라 4개 그룹으로 분류된다.

역치란 반응이 일어나는 최소한의 자극량이다. 흥분 역치가 낮다는 것은 예민해서 사소한 자극에도 쉽게 흥분한다는 의미다. 반대로 역치가 높으면 둔감하다는 뜻으로, 웬만한 자극에는 반응하지 않고 순화馴化(자극에 대한 적응)가 일어나기 쉽다.

한편 자극에 능동적으로 반응하는 경우 스스로 자극을 찾거나 피해서 자기조절을 하고, 자극에 수동적인 경우는 자기조절을 거의 하지 않고 그대로 노출된다.

이 두 축에 따라, 자극에 대한 역치가 높아 약한 자극에는 반응하지 않고 동시에 능동적 반응을 보이는 것을 '감각추구sensory seeking', 자극에 대해 역치가 높고 동시에 수동적인 반응을 보이는 것을 '저등록low registration', 자극에 대한 역치가 낮고 동시에 능동적인 반응을 보이는 것을 '감각회피sensory avoiding', 자극에 대한 역치가 낮고 동시에 수동적인 반응을 보이는 것을 '감각과민sensory sensitive'으로 분류한다. 이 4가지 요인이 어느 정도인가를 살펴보는 것이 감각 프로파일이다.

실제로는 이 모델처럼 명확히 4가지로 나뉘는 것이 아니라 상반된 경향이 동시에 존재하기도 한다. 예를 들어 감각과민과 저등록, 감각회피와 저등록이 함께 나타나는 경우도 많다. 그렇더라도 예민함을 다루는 데 크게 도움이 되는 모델이므로 자세히 살펴보도록 하자.

감각 프로파일 검사에는 10세 이하의 유아 · 아동용과 11세 이상의 청소년 · 성인용이 있는데 기본 구조는 동일하다. 정확한 결과를 위해서는 정신과 혹은 심료내과(내과적 증상을 나타내는 신경증이나 심신증을 치료 대상으로 하는 진료과목) 의사나 임상심리사와 상담한 뒤 검사를 받는 것이 좋다. 여기서는 대략의 경향을 알기 위해 기준이 되는 항목을 소개하니 활용하기 바란다. 다섯 항목뿐인 간이용이지만 실제 검사 결과와 0.7~0.8로 높은 상관을 보이므로 대략적인 경향을 파악할 수 있다.

저등록

체크 1. 해당 항목에 표시하시오.

☐ 상대의 말을 알아듣지 못해서 자주 되묻는다

☐ 농담이나 개그를 잘 이해하지 못한다

☐ 주위 물건에 자주 부딪히고, 발이 걸린다

☐ 얼굴과 손이 더러워도 눈치채지 못한다

☐ 표식이나 안내판을 금방 발견하지 못한다

체크 1은 저등록 경향을 알아보는 항목이다. 저등록이란 감각의 역치가 높아서 쉽게 반응하지 않는 경향을 말한다. 일반적으로 어떤 반응을 보일 만한 자극에도 잘 반응하지 않는다.

이 체크 1 리스트에서 표시한 항목 수가 많을수록 저등록 경향이 강하다. 해당 항목이 0~1개면 '그런 경향이 거의 없다', 2~3개면 '그런 경향이 약간 있다', 4~5개면 '그런 경향이 매우 강하다'로 판정된다. 뒤에 나오는 체크 리스트도 마찬가지다.

저등록 경향이 강하면 맛이나 통증을 느끼는 감각, 촉각이

예민함 내려놓기

둔하고 옷차림이 흐트러지거나 더러운 것에 무관심하고, 농담을 알아듣지 못하거나 상대의 불쾌한 반응을 알아채지 못한다. 또 누가 부르거나 다가와도 눈치채지 못하고, 대화의 첫 마디를 놓치거나 빠르게 하는 말을 따라가지 못하고, 찾는 물건이 눈앞에 있어도 모르고, 안내판을 발견하지 못하는 일이 흔하다.

또 반응과 행동이 느리기 때문에 기민하게 작업할 수 없고, 아침 일찍 일어나는 것도 힘들어한다. 부주의하거나 일을 척척하지 못하는 경향과도 관계있다.

예민한 경향과는 정반대인 특성이라고 생각할 수 있지만, 실제로는 두 경향이 동시에 나타나는 경우도 많다. 앞서 언급했듯이 나의 클리닉에서 실시한 조사에서는 54%가 감각과민 경향을 보였는데, 저등록 경향은 매우 강한 사람이 16%, 강한 사람이 24%로 총 40%에 달했다. 양쪽 모두 강한 사람은 33%였고 양쪽 모두 매우 강한 사람도 12%나 되었다. 감각과민인 사람 중 60%가 넘는 사람에게서 저등록 경향도 볼 수 있다는 것이 된다.

감각 프로파일의 4가지 요인과 행복도, 사회적응도와의 관계에서 양쪽 모두와 강한 관련을 보인 것은 의외로 저등록이었고 그다음이 감각과민이었다. 단 상관계수는 0.3~0.4 사이로, 비교적 가벼운 관련도를 보였다.

감각추구

체크 2. 해당 항목에 표시하시오.

☐ 향신료나 조미료를 뿌려 먹는 것을 좋아한다.

☐ 몸을 움직이거나 춤을 추는 것을 좋아한다.

☐ 수수한 색상보다 화려한 색채에 끌린다.

☐ 대화를 할 때 상대의 몸을 건드린다.

☐ 사람들 앞에서 주목받는 것을 좋아한다.

체크 2는 감각추구라는 새로운 자극을 찾는 경향을 알아보는 방법인데, 신기성新奇性(새롭고 기이한 성질) 탐구라는 유전적 특성과 관계가 깊다.

내가 실시한 조사에서 해당하는 사람이 가장 적었던 경향이 바로 감각추구다. 매우 강하다 3.4%, 강하다 14.9%로 나타났는데, 보통이라고 판정된 62%에 비하면 확연히 적었다.

감각추구 경향은 삶의 고달픔이나 행복도와는 무관하게, 한 사람이 지니고 있는 반응이나 행동 양식이다. 즉, 삶의 고달픔의 원인이 되는 예민함과는 직접적인 관계가 적은 편이다.

다만 한 가지 눈여겨볼 것이 있는데 감각추구가 강한 사람들은 감정의 기복이 다소 심했다. 또 자극을 좋아해서 감각추구가 약한 사람과는 행동 기준이나 행복하다고 느끼는 생활양식에 큰 차이가 있었다. 그 사람에게 맞는 인생을 생각한다는 점에서는 중요한 요소다. 여기에 대해서는 다음 장에서 더 자세히 설명할 것이다.

감각과민

체크 3. 해당 항목에 표시하시오.
☐ 향수나 방향제의 강한 향을 싫어한다.
☐ 자동차나 유원지의 놀이기구 타는 것을 좋아하지 않는다.
☐ 몸을 건드리는 것을 싫어한다.
☐ 갑자기 큰 소리가 나면 매우 놀란다.
☐ 주위가 소란스러우면 집중할 수 없다.

체크 3은 감각과민 경향을 알아본다. 여기에서의 감각과민은 우리가 일반적으로 이해하는 '감각의 예민함'이라는 의미 이외에, '감각 자극을 능동적으로 회피하지 않고 수동적으로 감수하는 경향'이라는 의미도 함께 지닌다.

뒤에서 소개하겠지만 감각과민, 감각회피와 사회적응도나 삶의 고달픔 간의 관련성을 조사하면 감각회피보다 감각과민이 강한 상관관계를 보인다. 감각이 예민한데 거기에 수동적인 경향까지 더해져 고통을 잘 느끼고 상처받기 쉬운 것이다.

똑같이 감각과민 경향을 보여도 나이에 따라 행동에 차이가 있는 것은 주목할 만하다. 10세 이하의 어린이에게서 예민한 경향은 주의산만과 과잉행동으로 나타나기 쉬운데, 이것이 어른들의 눈에는 과제나 활동을 제대로 수행하지 못하는 것으로 비친다. 다른 아이는 아무렇지도 않게 하는 것을 극도로 싫어하거나 무서워하고, 즐거워야 할 상황에서 구토를 하거나 열이 나는 등 컨디션의 변화를 보이기도 한다. 좀 더 어린 아이들은 신경질을 부리거나 우는 것으로 표현하기도 한다. 그러다 보니 예민해서 생긴 불쾌감보다는 행동과 컨디션의 문제로 받아들여지기 쉽다. 예민한 아이가 아니라 침착하지 못한 아이, 주의가 산만한 아이, 몸이 약한 아이로 보이는 것이다.

10세가 넘어서면서 예민함을 나타내는 방법이 달라진다. 불쾌감과 고통, 짜증 등으로 예민함을 호소하게 된다. 행동이 아니라 드디어 감각과 감정의 문제로 드러나는 것이다.

감각회피

체크 4. 해당 항목에 표시하시오.

□ 익숙한 음식만 먹는다.

□ 방의 커튼을 대개 쳐둔다.

□ 다른 사람에게서 떨어진 자리에 앉는 경우가 많다.

□ 시끄러운 장소나 사람이 많은 곳은 피하려고 한다.

□ 바쁠 때도 혼자만의 시간을 가지려고 한다.

예민함 내려놓기

체크 4는 감각회피에 대한 조사다. 감각회피란 불쾌한 감각 자극을 피하려는 경향을 말한다. 견디기 힘든 감각자극을 받았을 때 그것과 거리를 두거나 아예 멀어지려고 하는 사람들이 여기에 속한다.

이들은 자신이 안심하고 받아들일 수 있는 익숙한 자극 이외에는 사전에 차단한다. 사람에 따라 견디기 힘든 감각과 자극이 무엇인지는 각각 다르지만, 피하려 하고 도전하지 않는다는 점에서는 같다. 그래서 생활에 제약이 많다. 이러한 사람은 정해진 규칙과 행동 유형을 좋아하는 경향이 있고, 때로는 자신의 생활을 구조화해서 정확히 관리하는 능력으로 나타나기도 한다.

대체로 강한 자극은 좋아하지 않아서 생활환경에 신경을 써 자극을 줄이려 한다. 또 사람과의 만남이나 깊은 관계도 그다지 좋아하지 않아서 거리를 둔다. 예상치 못한 일에는 크게 불안해하기 때문에 그런 상황도 피하려고 한다.

외래환자를 대상으로 시행한 조사에서는 감각회피 경향도 비교적 높게 나타났다. 매우 강하다 16.6%, 강하다 24.3%로 약 40%의 응답자에게서 그런 경향이 보였다. 감각회피와 감각과민은 함께 나타나기 쉬워서 37.5%의 사람에게서 두 경향이 모두 확인되었다. 감각과민인 사람의 약 3분의 2 정도가 감각회피 경향도 가지고 있는 것이다.

감각회피는 사회적응도와의 관계에서 보면 저등록이나 감각과민에 비해 약한 상관을 보여, 상관계수는 0.2 수준이었다. 불쾌한 자극을 피하려는 경향이 강한 감각회피는 자극을 감수하기만 하는 감각과민보다 약한 상관을 보이는 것이다. 행복도와의 상관은 감각과민과 비슷한 0.3 정도였다.

감각 프로파일의 효용과 한계

저등록, 감각추구, 감각과민, 감각회피라는 4가지 요인이 각각 높은지, 보통인지, 낮은지를 알아보는 것이 감각 프로파일이다. 감각 프로파일은 그 사람의 성향을 파악하게 해주어, 어떤 어려움을 느끼기 쉽고 어떻게 대처해야 하는지를 신경학적 관점, 감각종합이론 관점에서 조언할 수 있게 해준다.

예를 들어 감각과민인 사람은 신경의 반응 역치가 낮아서 과잉반응하기 쉬우므로 자극 자체를 줄여야 한다. 반대로 저등록인 사람은 반응 역치가 높아서 더 강하고 확실한 자극을 주어야 한다.

또 감각추구가 강한 사람은 반응 역치도 높고 감각적인 자극을 원하므로 이야기를 듣기만 하면 따분해한다. 주체적으로 몸을 움직이며 활동할 수 있어야 의미 있는 체험으로 여긴다.

예민함 내려놓기

반면에 감각회피가 강한 사람은 예민한 데다 불쾌한 자극을 적극적으로 피하려 하기 때문에 강제적인 활동을 꺼린다. 스스로 선택하고 언제든 그만둘 수 있다는 게 보장되어야 부담 없이 시도한다. 감각회피가 강한 사람에게는 불쾌하다고 느끼면 회피할 수 있는 자유가 무엇보다 우선적이다.

여기에 열거한 예시 말고도 몇 가지 효과적인 대처전략이 있는데, 이후에 다시 설명할 것이다. 감각 프로파일은 예민해서 받는 고통은 물론, 둔감해서 겪는 일상생활에서의 어려움까지도 어느 정도 예측해서 그것을 줄일 방안을 제시한다는 점에서 매우 유용하다.

물론 한계도 있다. 단적으로 말하자면 인간에게 감각적인 쾌·불쾌도 중요한 결정인자이지만 그것보다 더 강하게 인간을 괴롭히거나 자극하는 것이 있다.

행복한 인생의 척도라 할 수 있는 3가지 지표는 얼마나 사회에 잘 적응하고, 얼마나 삶의 고달픔을 느끼고, 얼마나 행복하다고 느끼는가이다. 즉, 사회적응도, 삶의 고달픔, 행복도라는 관점에서 봐도 이들 4가지 요인은 표 2에서 보듯 비교적 약한 관계밖에 보이지 않는다.

그중에서도 감각추구는 삶의 고달픔이나 행복도와 거의 연관이 없었다. 또 사회적응도에 관해서는 감각추구만 유일하게 양(+)의 상관을 보였다. 감각추구가 강한 사람이 잘 적응하는

표 2

	사회적응도	삶의 고달픔	행복도
저등록	−0.37	0.37	−0.38
감각추구	0.15	0.08	−0.02
감각과민	−0.33	0.43	−0.32
감각회피	−0.21	0.33	−0.31

것이다.

저등록, 감각과민, 감각회피는 사회적응도, 삶의 고달픔, 행복도와 비교적 약한 상관을 나타냈다. 가장 강한 상관관계는 감각과민과 삶의 고달픔 사이에서 볼 수 있었고, 상관계수는 0.43이었다. 그래도 0.5에는 미치지 못했다. 어느 정도 관계있지만 결정적인 정도는 아니었다.

이런 상황에서는 아무리 감각과민과 감각회피에 대처할 지혜를 짜내도 더 강한 영향력을 가진 요인이 역방향으로 작용하면 모든 노력이 단번에 물거품이 되고 만다.

인생을 좌우하는 결정적 요인

그렇다면 결정적으로 인생을 좌우하는 요인은 무엇일까? 감각과민 이외에 인간을 더욱 위협하는 예민함이 존재할까, 아니면 예민함은 그다지 중요한 요소가 아닌 걸까?

표 3

	사회적응도	삶의 고달픔	행복도
신경학적 예민함	−0.47	0.55	−0.37
심리사회적 예민함	−0.44	0.77	−0.53

예민함에도 크게 두 종류가 있다. 하나는 감각과민처럼 신경학적 차원에서의 예민함이다. 또 하나는 사람에 겁을 먹어 지나치게 눈치를 보고, 상처받고, 시기하고, 의심하는 심리사회적 예민함이다. '심리사회적'이란 심리적인 부분과 대인관계 등의 사회적인 부분 모두를 가리키는 용어이다. 전자인 신경학적 차원은 대개 유전적, 발달적인 특성과 관계가 깊다. 감각 프로파일 검사는 전자를 평가하는 방법이다.

그럼 심리사회적인 예민함은 어떨까. 다음 장에서 자세히 설명하겠지만, 심리사회적인 예민함과 사회적응도·삶의 고달픔·행복도와의 상관을 신경학적 예민함과 비교한 것이 표 3이다. 표를 보면 사회적응도에서는 별 차이 없지만, 삶의 고달픔과 행복도에서는 심리사회적 예민함이 더 큰 영향을 주었다.

이처럼 삶의 고달픔이나 행복도에서는 신경학적인 것 이상으로 심리사회적 예민함이 중요하다. 마음에 상처를 입은 사람이 목숨까지 끊는 사건들이 일어나는 것을 보면, 오히려 심리사회적 예민함이 더 크게 작용한다.

이런 결과는 삶의 고달픔과 행복도를 염두에 두고 예민함을 이해할 때 감각적인 예민함 즉, 신경학적 예민함만 논하는 것은 불충분하고, 심리사회적인 예민함을 포함하는 새로운 모델이 필요함을 보여주는 것이다. 2장에서 소개할 '예민함 프로파일'이 이런 필요에 따라 만들어진 것이다.

당신은 몇 퍼센트 예민합니까

예민함 체크 리스트

이번 장에서는 내가 개발한 예민함 프로파일에 대해 설명할 것이다. 자신의 경향을 파악하며 이 책을 읽으면 예민함을 이해하고 관심을 갖는 데 도움이 되므로 꼭 살펴보아야 할 과정이다.

먼저 해당하는 항목에 표시해보자.

섹션 1

☐ 큰 소리에 약하고 갑작스러운 소음에 과하게 놀란다.

☐ 사람이 많은 곳이나 시끄러운 장소에 가면 극도로 피곤해진다.

☐ 냄새와 맛, 감촉에 민감해서 싫어하는 향이나 먹지 못하는 음식이 많다.

☐ 사람의 말소리나 배경음악이 들리면 집중하지 못한다.

섹션 2

☐ 잠자리나 베개가 바뀌면 쉽게 잠들지 못한다.

□ 시계 초침 소리나 집 밖에서 나는 소리가 거슬려 잠을 못 이루기도 한다.
□ 새로운 환경과 사람에게 익숙해지려면 시간이 걸리는 편이다.
□ 언제 걸려올지 모를 전화와 메일을 기다리는 일이 큰 스트레스다.
□ 예정에 없던 일이나 기대와 다른 일이 일어나면 화가 나거나 당황한다.

섹션 3
□ 혼자 있는 것이 불안해 늘 누군가에게 의지하고 싶어진다.
□ 타인이 자신을 어떻게 생각할지에 민감하고, 안 좋게 생각한다고 느끼면 안절부절못한다.
□ 자신이 상대에게 불쾌감을 주지 않는지 늘 신경 쓴다.
□ 상대의 사소한 몸짓에도 자신을 싫어하는 게 아닌지 불안해진다.
□ 누군가 자신의 실수를 지적하거나 결점을 비난하면 침울해지거나 반대로 폭발한다.

섹션 4
□ 타인의 말에 쉽게 상처받는다.
□ 기분 안 좋은 일은 여운이 오래가는 편이다.
□ 오래전의 안 좋은 기억이 자꾸 떠오른다.
□ 듣기 거북한 화제를 언급하면 동요하거나 허둥거린다.
□ 한번 싫어지면 계속 그 상대나 장소를 피한다.

　　　　　　　　　　　　　　　예민함 내려놓기

섹션 5

☐ 긴장하면 목소리와 손이 떨려 사람 앞에서 말하는 일이 버겁다.

☐ 불안해지면 심장이 빨리 뛰고 숨이 막힌다.

☐ 몸이 항상 긴장 상태여서 어깨 결림과 두통이 잦다.

☐ 실전의 때가 다가오면 배가 아프거나 컨디션이 나빠진다.

☐ 스트레스로 위가 아프거나 열이 나기 쉽다.

섹션 6

☐ 소곤거리는 소리가 들리면 자신의 험담을 하는 것처럼 느껴진다.

☐ 남들이 자신에 대해 전부 알고 있는 것처럼 느껴진다.

☐ 사람들의 시선이 신경 쓰여 외출하기 어렵다.

☐ 사람을 믿지 못해 상대가 하는 말의 진의를 생각한다.

☐ 주위 사람들이 자신을 깔보는 것처럼 느껴질 때가 있다.

섹션 7

☐ 익숙한 것만 먹는다.

☐ 타인이 자신의 몸을 건드리는 것을 좋아하지 않는다.

☐ 타인이 너무 가까이 다가오면 떨어지고 싶다.

☐ 상대방의 기분을 맞추는 일을 못한다.

☐ 사람들 앞에 나서는 것은 가능한 한 피하고 싶다.

섹션 8

☐ 상대의 말을 알아듣지 못해서 자주 되묻는다.

□ 농담이나 개그를 잘 이해하지 못한다.

□ 주위 물건에 자주 부딪히고, 발이 걸린다.

□ 얼굴과 손이 더러워도 눈치채지 못한다.

□ 표식이나 안내판을 쉽게 발견하지 못한다.

8가지 섹션으로 나눠 열거했는데, 어느 섹션에 해당하는 항목이 많은가? 똑같이 예민하다고 느껴도 사람마다 표시한 항목이 많은 섹션과 적은 섹션이 다 다르다. 예민함에도 여러 요소가 있기 때문이다.

예민함 프로파일에서는 예민한 경향을 그 원인과 함께 이해하기 쉽도록 신경학적 예민함, 심리사회적 예민함, 병리적 예민함의 3가지로 나누었다. 또 신경학적 예민함은 '감각과민'과 '순화저항', 심리사회적 예민함은 '애착불안'과 '마음의 상처', 병리적 예민함은 '신체화'와 '망상경향'으로 각각 구성된다.

이외에도 예민함 자체의 문제는 아니지만 예민함에 따르는 경향으로서 '회피경향'과 '저등록'도 포함된다. 섹션 8의 저등록 항목은 1장의 체크 1과 같다. 해당하는 항목의 수가 각 섹션의 점수다. 각각의 점수를 집계해 표 4와 그림 1의 차트에 기입하면 자신의 경향을 쉽게 알 수 있다. 섹션별로 해당 항목이 0~1개는 '그런 경향이 거의 없다', 2~3개는 '그런 경향이 약간 있다', 4~5개는 '그 경향이 매우 강하다'로 판정된다.

표 4

신경학적 예민함		심리사회적 예민함		병리적 예민함	
감각과민	순화저항	애착불안	마음의 상처	신체화	망상경향
①	②	③	④	⑤	⑥
신경학적 예민함	① + ②	심리사회적 예민함	③ + ④	병리적 예민함	⑤ + ⑥
회피경향	저등록	예민함 점수	①~⑥의 합계	생활장애 지수	①~⑧의 합계
⑦	⑧				

그림 1. 예민함의 6가지 요소

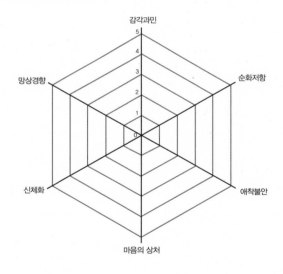

예민함을 구성하는 요소

감각과민

섹션 1의 체크 항목은 감각과민을 알아보기 위한 것이다. 감각과민이 있으면 소리, 냄새, 맛에 예민하게 반응한다. 감각과민은 유전적·발달적 요인이 크며, 여러 가지 형태로 나타난다. 서울과 울산에 거주하는 사람들을 대상으로 한 조사에서도 40% 이상이 소리에 민감하다고 응답했듯이 건강해도 감각이 예민한 사람이 적지 않다.

재채기나 경적처럼 갑작스러운 소리에 크게 놀라는 경우도 있다. 큰 소리에 약하고, 냄새나 빛에 기분이 나빠지고, 익숙하지 않은 맛이나 향을 받아들이지 못한다. 등교를 거부하는 아이나 적응장애가 있는 사람에게서도 감각과민을 자주 볼 수 있고, 그것이 적응에 큰 방해가 되는 경우도 있다. 교실의 시끄러운 소리나 반향음(메아리)이 신경 쓰여 교실에 앉아 있지 못하는 것이다.

감각과민이 심하면 사회적응이 어렵다. 이런 경우 종종 잠재해 있는 것이 최근 일반에게도 알려지게 된 자폐스펙트럼장애(이전에는 자폐증 스펙트럼이라 불렀다). 자폐스펙트럼장애의 기본적인 장애 중 하나는 감각과민(신경과민)이다.

감각과민 때문에 남들은 거의 의식하지 못하는 소리, 냄새,

예민함 내려놓기

빛, 색깔 등에 불쾌한 자극을 받아 생활하기 어렵거나 반대로
둔감함, 즉 저등록을 보이는 사람도 많다. 단, 소리에 대한 예
민함에 관여하는 유전 요인의 비율은 의외로 낮아서 4%도 되
지 않는다는 결과가 보고된 바 있다. 흔히 생각하듯이 선천적
요인으로 결정되는 것은 아니다. 임신 중의 환경과 양육 환경
도 중요하다. 그런 의미에서 애착장애도 동반되기 쉬운데, 학
대받은 아이에게서 감각과민이 많이 나타난다.

　정신질환으로도 종종 감각과민이 심해진다. 특히 조현병(정
신분열증)에서는 청각과민이 많이 보인다. 불면, 주의력 저하와
함께 정신질환을 조기에 발견하게 해주는 중요한 징후이다.

순화저항

섹션 2는 순화저항馴化抵抗(적응하기 어려움)에 관한 것이다. 예
민하지 않은 사람은 새로운 자극을 기분 좋게 느끼기도 하고
조금 고통스러운 자극도 두세 번 경험하면 크게 의식하지 않는
다. 처음에는 약간 충격적이라 불쾌해도 두 번 세 번 같은 경험
을 하다 보면 처음만큼 반응하지 않는다.

　그런데 예민한 사람은 자극에 익숙해지기 어렵다. 신경학적
인 검사로도 이런 특성은 입증된다. 연속해서 똑같은 소리 자
극을 주고 반응을 보면 첫 번째에 강하게 반응한 사람도 대개
두 번째에서는 반응이 약해진다. 미리 살짝 자극해두면 경악반

응·驚愕反應(돌발 위험이나 강렬한 공포에 노출되었을 때 생기는 심한 반응)이 약해진다. 이 현상은 전前자극 억제prepulse inhibition라고 부른다. 예민한 사람은 이 전자극 억제가 일어나기 어려워서 두 번째도 첫 번째와 마찬가지로 강하게 반응한다. 자극에 대한 순화가 약한 사람은 변화에 적응하기 어렵다. 실제로 갑자기 일정이 바뀌거나 돌발 상황이 생기면 혼란스러워한다.

순화저항은 신경학적 예민함을 판단하는 지표이지만 심리사회적 예민함과의 연관도 의외로 강해서, 상관계수가 0.65로 높게 나타났다. 이처럼 새로운 자극과 환경에 익숙해지기 어려운 경향은 심리사회적인 예민함과도 관계가 깊다.

애착불안

섹션 3은 애착불안에 관한 것이다. 애착불안은 애착을 느끼는 존재에게 버림받거나 거부당할 것이라는 불안을 품는 경향으로, 애착불안의 유래는 어릴 적 엄마와 떨어지는 것에서 비롯되는 분리불안까지 거슬러 올라간다.

나는 불안이라는 감정의 근원은 애착불안이 아닐까 생각한다. 불안을 거의 안 느끼는 사람은 어머니(양육자)와의 관계가 매우 안정적이었거나 애정과 돌봄이 부족한 환경에 적응해버렸거나 둘 중 하나다. 애착 유형으로 말하면 전자가 안정형, 후자가 회피형이다.

반면 사랑받을 때도 있지만 때로는 방치되거나 돌봄을 받지 못하는 식으로 안정적이지 못한 환경에서 자라면 애착불안이 강해진다. 예를 들어 사랑받으며 자라다가 동생이 생기면서 갑자기 부모의 관심이 소홀해지거나 부부 사이가 나빠져 어머니가 아이에게 애정을 쏟을 겨를이 없어진 경우, 어머니가 병에 걸린 경우도 비슷한 경향이 생기기 쉽다. 또 어머니가 변덕스러운 성격이라서 아이에게 애정을 쏟다가도 화가 나면 돌보지 않을 거라고 협박하는 경우에도 나타날 수 있다. 애착불안이 강한 사람은 애착을 느끼는 존재는 물론이고 다른 사람들에게도 미움받거나 거부당할까 봐 민감해져서 과잉반응하기 쉽다.

예민함 체크 리스트의 8가지 요소 가운데 삶의 고달픔, 행복도와 가장 강한 상관을 보이는 것은 애착불안으로, 상관계수는 각각 0.73, -0.52였다. 이것은 부정적 사고와의 상관(0.48, -0.44)과 비교해도 매우 강하다. 애착불안이 삶의 고달픔을 치유하는 하나의 열쇠를 쥐고 있는 것이다.

마음의 상처

섹션 4는 마음의 상처에 관한 항목이다. 마음의 상처를 지닌 사람은 새로운 충격에 쉽게 무너지고 상처를 회복하는 데 오래 걸린다. 또 과거의 불쾌했던 경험이 플래시백flashback(고통스러운 악몽을 반복적으로 꾸거나, 사고를 회상하고, 사고를 다시 겪는

듯한 느낌)으로 나타나거나 부정적인 느낌에서 벗어나지 못하는 경우도 많다.

마음의 상처는 생명과 직결되는 것부터 그 사람의 자존심과 존엄성을 짓밟는 정신적인 것까지 다양한데, 학대나 가정폭력처럼 두 요소가 섞인 경우도 있다. 마음의 상처는 애착불안과 0.76이라는 높은 상관을 보인다. 이 2가지가 함께 나타나기 쉽다는 뜻이다. 임상적으로도 애착불안이 강한 사람은 마음의 상처가 오래 남아 분노와 원망 같은 부정적인 감정에 쉽게 사로잡히는 경향을 보인다.

마음의 상처는 사고나 자연재해 같은 비일상적인 재해에 의한 것과 인간관계에서 받은 상처에 의한 것으로 크게 나뉘는데, 사고나 재해에 의한 심리적 외상을 겪더라도 애착관계가 안정되어 있으면 회복이 빠르다. 그런 면에서 보아도 애착과 관련이 높음을 알 수 있다. 마음의 상처는 삶의 고달픔과 강한 상관을 보여서 상관계수는 애착불안과 거의 비슷한 0.72였다. 삶의 고달픔을 줄이기 위해 마음의 상처를 치유하는 일이 우선되어야 하는 이유다.

신체화

섹션 5는 신체화에 대한 항목이다. 똑같이 불안과 스트레스를 느껴도 그것이 자율신경의 균형을 깨뜨려 몸의 증상으로 나타나기 쉬운 사람과 그렇지 않은 사람이 있다. 교감신경이 쉽게 긴장하고 그것이 몸으로 즉각 나타나는 사람은 불안감 자체뿐 아니라 몸의 증상 때문에 2차적인 불안을 느껴 일상생활에 더욱 지장을 받는다.

예민한 사람은 스트레스와 불안의 신체화가 일어나는데, 그 정도는 사람에 따라 다르다. 자율신경에 쉽게 반응하는가, 또 자율신경의 반응에 반응해버리는 악순환에 쉽게 빠지는가는 예민함의 특성을 파악하는 데 중요하다.

신체화는 신경학적인 예민함(상관계수 0.55)과 심리사회적인 예민함(상관계수 0.59) 양쪽이 거의 같거나, 심리사회적 예민함과 조금 더 강한 상관을 나타낸다. 예민한 체질과 함께 심리 상태도 중요하다.

망상경향

섹션 6은 망상경향에 관한 항목이다. 망상이란 현실이 아닌 것을 진짜라고 믿는 이상 현상인데, 망상에도 여러 형태가 있다. 그중에서 예민함과 가장 관계가 깊은 것은 현실의 일이 나에게 해를 끼친다고 생각하는 이른바 피해망상이다. 피해망상이 있을 때는 자기 안의 불안과 두려움이 주위에 투영되어 주위 사람이 악의적으로 자신을 깔본다고 믿는다.

조현병과 망상성 치매에서 보이는 망상은 체계화되었거나

비현실적이고 괴상하며 누구의 말도 듣지 않는 강한 확신을 동반하는 것이 특징이다. 예를 들어 자신이 초능력을 갖고 있어 미국중앙정보국CIA에 미행당하고 있다고 믿는 경우다. 자신의 얼굴이 좌우대칭이 아니고 추해서 모두 비웃기 때문에 성형수술로 완벽한 좌우대칭이 되고 싶다고 생각하는 경우는 신체이형장애body dysmorphic disorder(신체추형장애라고도 한다)에 동반되는 망상이다. 이런 사람에게 그것은 혼자만의 생각이라고 아무리 설득해도 오히려 자신의 말을 믿어주지 않는다고 생각한다.

이 책에서 다루는 망상경향은 이 정도의 심각한 망상은 아니고, 왠지 사람들이 자기를 험담한다고 느끼는 정도이다. 그렇다고 해서 안심할 수 있는 것은 아니다. 망상경향은 예민함이 상당히 높은 상태에 동반하기 쉬운 정신병의 상태나 그 징후를 나타내는 신호인 경우가 많기 때문이다. '내가 너무 지나치게 생각하는 거야'라고 자신의 생각을 의심하는 경우는 그나마 나은데, 틀림없다고 확신하는 정도라면 주의가 필요하다. 이 섹션에 해당하는 항목이 많다면 전문의에게 상담을 받아보는 것이 좋다.

회피경향

이 섹션은 회피경향을 알아보기 위한 항목이다. 회피경향의 사람은 다른 사람과 가까운 관계를 맺는 것을 피하려 하고, 자신의 속마음이나 기분을 말하기 꺼리고, 새로운 체험을 싫어하는 등의 특징이 있다.

회피경향은 섹션 1의 감각과민과 0.68이라는 강한 상관을 보였다. 감각이 예민한 사람은 회피적이라는 것을 알 수 있다. 순화저항과 망상경향과도 비교적 강한 상관을 보여서 회피경향은 예민함 전반과 관련이 있다.

회피경향은 사회적응도 −0.40, 삶의 고달픔 0.47, 행복도 −0.33의 상관을 보였다. 회피경향이 강한 사람은 삶의 고달픔을 더 많이 느끼고 사회에 잘 적응하지 못한다.

저등록

이 섹션은 저등록에 관한 항목이다. 저등록은 약한 자극에는 반응하지 않는 경향으로, 오감뿐 아니라 이해력이나 사회적 인지의 둔감함도 포함된다. 저등록은 예민함과 직접 관련은 없지만 쉽게 상처받는 경향과 동시에 나타나는 경우도 많고 사회적응도, 삶의 고달픔과도 밀접해서 항목에 포함했다.

저등록은 부주의와 관계 깊은데, 주의라는 경향이 신경의 반응 역치와 관련 있기 때문이다. 주의 중에서도 소음 자극에서 중요한 자극에만 주의를 기울이는 선택적 주의나 하나의 시점에 얽매이지 않고 다른 시점으로 전환하는 주의전환 등의 기능은 예민함과 둔감함을 잘 구별해 사용해야 하기 때문에 저등록이 높거나 예민함이 강해도 지장을 받기 쉽다.

일을 척척 해내지 못하는 것도 저등록의 특징이다. 인식을 못하거나 주의전환이 이루어지기 어렵기 때문이다. 아침에 잘 일어나지 못하는 것도 신경 스위치가 빠르게 바뀌지 않아서이다.

저등록은 신경학적 예민함과 0.41, 심리사회적 예민함과 0.47이라는 중간 정도의 상관을 보였으며, 사회적응도(상관계수 0.37)와 행복도(상관계수 0.38)와 가벼운 상관이 있었다. 이 항목은 예민함 평가에는 넣지 않아도 되지만 자신을 이해하는 통로이기도 하고, 생활에 지장을 초래한다는 점에서도 중요하기 때문에 포함시켰다.

예민함 점수

회피경향과 저등록을 제외한 6가지 요인의 점수를 더한 것이 예민함의 합계 지표인 '예민함 점수'다. 이 점수가 5 이하인 사람은 예민함을 인정할 수 없다고 판정된다. 그 외의 판정 기준은 표 5에 표시한 대로다. 참고로 클리닉 외래환자의 예민함 점수 평균은 16.6이었다.

예민함 프로파일은 예민한 정도와 성질을 파악하는 하나의 지표가 된다. 여기서 구한 예민함 점수와 삶의 고달픔과의 상

표 5

합계 점수	판정
0~5	예민함을 인정할 수 없다
6~11	경계 수준
12~19	약간의 예민한 경향을 인정할 수 있다
20~24	중간 정도의 예민한 경향을 인정할 수 있다
25~	예민한 경향이 현저하다

표 6

	사회적응도	삶의 고달픔	행복도
예민함 점수	−0.52	0.69	−0.54
감각과민	−0.33	0.43	−0.32
저등록	−0.37	0.37	−0.38

관은 0.71로 높았다. 물론 개인차는 있지만 하나의 기준이 될 것이다.

표 6을 보면 예민함 점수는 감각 프로파일과 비교해도 사회 적응도나 삶의 고달픔, 행복도와 높은 상관관계를 나타냈다. 예민한 사람이 인생에서 얼마나 고통을 겪을지 가늠하기에 예민함 점수는 유용한 지표이다.

종합적인 점수뿐 아니라 각 섹션의 점수도 눈여겨보아야 한다. 다른 점수는 낮은데 한 섹션만 높은 경우도 사회생활과 일상생활에 큰 어려움을 겪기 때문이다. 또 그 사람의 예민함이 어디서 기인하는지를 파악해 해결책을 찾을 때도 섹션별 점수를 확인해 특히 어느 부분에 예민한지 알아두면 도움이 된다.

예민함 점수에 회피경향과 저등록을 더한 점수가 생활장애지수다. 생활장애지수가 17 이상이면 예민한 경향으로 인해 생활에 지장을 받는다고 느끼게 되고, 25 이상에서는 중간 정도의 지장을 받으며, 30 이상에서는 큰 지장을 받는다. 클리닉 외래환자의 평균은 19.1이었다.

신경학적 예민함과 심리사회적 예민함

신경학적인 예민함과 관계 깊은 것이 감각과민과 순화저항이다. 이 두 항목의 합계 점수가 신경학적 예민함 점수다. 심리사회적 예민함과 관계가 깊은 것은 애착불안과 마음의 상처로, 이 둘의 합계가 심리사회적 예민함 점수다.

신경학적 예민함과 심리사회적 예민함이 사회적응도, 삶의 고달픔, 행복도와 얼마나 상관있는가를 살펴보면, 사회적응도에서는 비슷한데 삶의 고달픔과 행복도에서는 심리사회적 예민함이 강한 상관을 나타낸다.

특히 삶의 고달픔에서 심리사회적 예민함과의 상관계수는 0.76이라는 높은 수치를 나타냈다(표 7). 이렇게 볼 때, 심리사회적 예민함은 정신적 안정에서 더욱 중요하다. 대략적인 기준

표 7

	사회적응도	삶의 고달픔	행복도
신경학적 예민함	−0.44	0.57	−0.41
심리사회적 예민함	−0.43	0.76	−0.52
병리적 예민함	−0.32	0.58	−0.43

이지만 어느 쪽의 점수가 높은가를 살펴봄으로써 선천적 요인과 양육환경 같은 후천적 요인 중 어느 쪽이 더 큰 영향을 미치는지 추측할 수 있다.

애착장애로 인한 심리사회적 예민함

20대 초반 여성인 M은 심한 정서 불안으로 자신은 살 가치가 없고 빨리 죽고 싶다는 자기부정적인 생각에서 벗어나지 못했다. M의 어머니는 M에게 애정이 없었고 귀찮기만 했다고 솔직히 털어놓았다. M을 낳은 후에도 일을 했기 때문에 M은 조부모가 돌봐주었는데, 자신보다 조부모에게 어리광을 부리는 M의 모습에 애정이 더 식어버렸다고 했다. 어머니와의 애착이 형성되지 않아 애착장애가 생긴 것이다. 불안정한 관계로 인해 M도 어머니도 힘들어했다.

M의 감각 프로파일은 저등록과 감각과민이 현저히 높았고, 감각추구와 감각회피는 평균이었다. 예민함 프로파일에서는 신경학적 예민함이 3, 심리사회적 예민함이 7, 예민함 점수 합

계가 15로 심리사회적 예민함이 높았다.

이 사례에서 볼 수 있듯이, 애착장애인 경우에도 감각 프로파일에서 현저한 치우침을 보이기 때문에, 감각 프로파일만으로는 발달장애 여부를 판단하기 어렵다. 예민함 프로파일에서 신경학적 예민함보다 심리사회적 예민함이 높은 경우 애착장애나 트라우마가 원인이라고 생각할 수 있다.

M처럼 어머니가 안전기지가 되어주지 못한 가정환경에서 자란 경우 심리사회적 예민함이 높게 나타나기 쉽다. 물론 유전적, 기질적 장애(외상이나 저산소증 등에 의한 조직의 불가역적 변화를 동반하는 것) 요인을 모두 갖고 있는 경우 양쪽 다 높아졌다.

발달장애가 의심되는 신경학적 예민함

20대 초반의 남성 T가 병원을 찾게 된 것은 취업하려고 여기저기 면접을 봤는데 모조리 떨어졌기 때문이다. 면접관의 질문에 생각만 할 뿐 말 한 마디 제대로 못한 채 면접이 끝나버린 적도 있었다. 정확히 답하려 할수록 말이 나오지 않았고 면접관은 대답할 마음이 없다고 판단해 면접을 끝내버린 것이다. 검사 결과 T는 자폐스펙트럼장애로 진단되었는데, 지금은 그의 장애를 이해해준 곳에서 일하고 있다. T는 착실한 업무태도로 좋은 평가를 받아 점차 중요한 일을 맡게 되었다.

T의 감각 프로파일을 분석해보면 저등록은 평균이고 감각 추구는 매우 낮았다. 반면에 감각과민과 감각회피는 높은 것으로 나타났다. 또 예민함 프로파일은 신경학적 예민함 점수가 9, 심리사회적 예민함 점수는 0으로 극단적이었다. T와 같은 사람은 타인의 시선이나 자신이 어떻게 받아들여질지는 신경 쓰지 않지만 감각이 예민해서 소리, 맛, 감촉까지 일일이 따진다. 또 환경이 달라지는 것을 싫어하고 똑같은 것을 반복하기를 좋아한다.

이처럼 신경학적 예민함과 심리사회적 예민함 2가지 점수를 비교함으로써 원인이 신경적 특성에 의한 것인지, 애착과 심리적 안도감과 관계있는지 파악하는 기준으로 삼을 수 있다. 전자의 경우에는 발달장애를 의심할 수 있고, 후자는 애착장애나 마음의 상처를 의심할 수 있다. 단 양쪽 요인이 섞여 있는 예도 많아 비슷한 수치를 보일 때도 있다. 발달장애가 있는데 괴롭힘을 당하거나 학대를 받아 이차적으로 애착장애 또는 마음의 상처가 더해질 때도 양쪽의 수치가 높게 나타난다.

신경학적 예민함과 심리사회적 예민함은 실제로는 나누기 어렵게 얽혀 있는 경우가 많다. 그렇더라도 두 예민함은 특성도 대처법도 다르기 때문에 나눠서 정리하는 데는 의의가 있다.

병리적 예민함

신체화는 신체 증상을 일으키기 쉬운 경향을, 망상경향은 정신 증상을 일으키기 쉬운 경향을 가리킨다. 그런 의미에서 '병리적' 이라는 용어를 사용해 병리적 예민함으로 따로 다루기로 한다.

망상경향은 신경학적 예민함과의 상관이 0.69, 심리사회적 예민함과의 상관이 0.67이었다. 신체화는 신경학적 예민함과 0.53, 심리사회적 예민함과 0.59의 상관관계를 나타냈다. 이 결과를 볼 때, 두 요인이 반반씩 관계한다고 추측할 수 있다.

병리적 예민함은 심각한 증상을 보일 때가 있는데도 사회적 응도와의 관계는 생각보다 가벼웠다. 반면에 삶의 고달픔과 행복도에서 신경학적 예민함과 비슷한 정도의 관련을 보였다(표 7). 이미 치료를 받아 예민함으로 생활에 지장을 받는 일이 줄어든 것과 관계있는지도 모른다. 경우에 따라서는 증상 때문에 사회에 잘 적응하지 못하고 삶이 힘들어지는 예도 있다. 이 점수가 높은 사람은 정신과나 심료내과 전문의, 임상심리사에게 상담을 받는 것이 좋다.

3

예민해지는 순간 일어나는 일들

나의 상태를 객관화하기

2장에서는 예민함을 평가하는 방법을 소개하고 실제로 그것을 이용해 당신의 예민함 경향을 파악해보았다. 이번 장에서는 예민함이 어떻게 생기고, 어떤 특성이 있으며, 예민한 사람은 어떻게 느끼고 생각하는지, 그리고 어떤 사고와 행동의 덫에 빠지기 쉬운지 알아보자.

정도의 차이는 있겠지만 예민한 사람은 누구나 일상생활에 어려움을 겪을 것이다. 예민함을 자신의 특성으로 받아들이면 어느 정도 객관화해서 대처할 수 있다. 그러므로 예민한 사람들의 특성을 이해하는 것이 그것을 극복하는 첫걸음이다.

또한 가까운 사람이 예민하다면 그 사람의 느낌과 생각을 이해함으로써 때로 당황스러웠던 행동과 반응이 '그래서였구나' 하고 조금은 받아들이기 쉬워진다. 도와주려고 한 말이 역효과를 낼 수도 있으니, 어떻게 대응해야 그 사람에게 도움이 될지 이해해야 한다.

이 소리, 나만 들리는 걸까?

'예민한 사람'이라고 뭉뚱그려 칭해도 각자의 특성과 어려움은 다 다른데, 많은 사례에서 공통으로 나타나는 것이 소리에 대한 예민함이다. 소리에 대한 예민함은 단순히 청각적인 것을 넘어 예민함 전반을 가늠하는 좋은 지표다. 신경학적 예민함은 물론, 심리사회적 예민함과의 상관도 0.62로 높아서 사람의 말소리에 민감한 경향과도 관련이 있다고 여겨진다.

소리에 민감한 사람은 소리에 지나치게 신경 쓰고 고통스럽게 느낀다. 또 계속되는 굉음이나 잡음에 익숙해지지 못하고 오히려 더 민감해진다. 한번 소리를 의식하기 시작하면 아주 작은 소리까지도 고통의 씨앗이 된다.

한 여성이 자신의 경험을 들려주었다. 예민한 청각으로 오랫동안 고통을 받아온 그녀는 어느 날 여행을 떠나 호텔에 묵게 되었다. 그런데 어디선가 들려오는 소리 때문에 도저히 잠을 잘 수 없었다. 참다못해 호텔 직원에게 말했는데, 급하게 달려온 직원은 방 안에 선 채 고개를 갸웃거리며 "손님, 아무 소리도 안 들리는데요." 하고 말했다. 확실히 그 소리는 매우 낮은 음역의 소리였다. 오랫동안 귀를 기울이던 호텔 직원은 그제야 "뭔가 진동이 느껴지는 것 같네요."라고 말했다고 한다. 음악가인 이 여성은 자신의 청각과민을 잘 활용하며 일하고 있

예민함 내려놓기

지만, 보통 사람들은 듣지 못하는 소리까지 들려 일상생활에서는 고통을 겪어야 했다.

앞서도 언급했듯이 소리에 예민한 사람은 정신질환뿐 아니라 신체질환에 걸릴 위험도 높다. 소리에 예민하면 교감신경이 쉽게 흥분해 스트레스 호르몬(부신피질 호르몬)인 코르티솔cortisol이 과다분비되는데, 이로 인해 스트레스에 약해진다. 클리닉 외래환자를 대상으로 소리에 대한 민감도를 15단계로 나누어 평가했을 때 8 이상인 사람이 63%를 차지했다. 한국 도시에서의 비율이 44%였던 것과 비교하면 역시 높다.

참고로 핀란드에서 이루어진 쌍둥이 연구에서는 소리에 대한 예민함 유전율(유전 요인이 관여하는 비율)은 36%로 나타났다. 의외로 낮은 것이다. 이 결과가 맞다면 선천적 요인보다 후천적인 요인이 훨씬 크다고 할 수 있다.

사격장에서 권총을 쏴본 사람은 발사음에 깜짝 놀랐을 것이다. 영화나 드라마에서 보는 것과 실제로 그 박력을 몸으로 느끼는 것은 큰 차이가 있다. 하물며 소리에 예민한 사람이 방아쇠를 당기는 것은 쉽지 않다. 발사되는 총탄뿐 아니라 그 발사음도 말 그대로 흉기로 느낄 정도다.

예전에는 피아노 같은 악기 소리 때문에 살인까지 일어난 적도 있다. 감각이 예민한 사람이 저지른 비극이었을 것이다. 지금보다 예민함에 대한 이해가 낮을 때라 대부분의 사람들은 피아노 소리가 살의까지 불러일으킨다는 것은 말도 안 된다고 생각했다. 이와 비슷한 사건들이 이어지면서 청각과민에 대한 의식이 꽤 바뀌었다. 그래도 예민하지 않은 사람들은 그 절박함이 이해가 안 될 것이다.

서른이 넘은 한 남성은 옆집 사람의 코 고는 소리에 미칠 지경이었다. 중저음의 요란한 소리는 원룸의 얇은 벽을 관통해버렸다. 일단 귀에 거슬리면 귀마개를 하고 그 위에 헤드폰까지 쓰는데도 코 고는 소리가 들려왔다. 아니, 희미하게 들리는 소리에 자신이 귀를 기울였다. 그리고 조금이라도 들린다고 생각하면 더 의식하게 되어 미칠 지경이었다. 결국 뜬눈으로 밤을 지새우고 옆집 사람이 일어나면 그제야 잠을 잘 수밖에 없었다. 그런데 아침이면 근처의 지하철 소리 때문에 또 잠을 잘 수 없었고 결국 일도 할 수 없게 되었다. 소리에 예민한 사람은 소음이 있으면 생활 자체가 위협받는다.

몸이 보내는 신호

예민해졌을 때 몸에서는 어떤 일이 일어날까. 먼저 스트레스를 받을 때 일어나는 시상하부-하수체-부신피질계의 반응이다. 시상하부에서 부신피질자극호르몬방출인자CRF, Corticotropin-

Releasing Factor가 나오고 그것이 하수체를 자극해 부신피질자극호르몬ACTH을 방출시켜서 부신피질로부터 부신피질호르몬을 분비시키는 일련의 반응이 일어난다. 스테로이드 연고를 바르면 염증이 치료되어 상처가 빨리 낫듯이 일단 눈앞의 비상사태에 대처한다.

시상하부 반응과 함께 일어나는 것이 교감신경의 흥분이다. 교감신경은 투쟁이냐 도피냐fight or flight 하는, 생명을 지키기 위한 방어반응에 관계한다. 전투태세를 취하든 도망치든 간에 뇌와 근육에 충분한 혈액과 산소를 보내야 하기 때문에 심장박동수는 급상승한다. 격투나 전력질주에 대비해 근육은 긴장하고 수축하며, 사태 확인을 위해 동공은 커진다.

이런 반응은 외부의 위협에 대처하기 위한 것으로 생존에 필요하다. 그런데 이 상태가 계속되면 몸에 나쁜 영향을 준다. 불필요하게 긴장하고, 부신피질호르몬의 영향으로 고혈압과 위궤양, 당뇨에 걸리기 쉽다. 그러나 이런 정도의 반응이면 몸 상태나 기분은 나빠질지 몰라도 공포나 공황상태를 일으키지는 않는다. 이와 별개로 예민함을 다른 차원의 상태로 바꿔버리는 또 하나의 구조가 존재하는 것이다.

예민 스위치가 켜지면

이런 다른 차원의 예민함은 같은 자극이 반복되거나 한계를 넘는 강한 자극일 때 생긴다. 예를 들어 정전기 공포증을 보이는 사람이 있는데, 처음부터 정전기를 무서워한 것은 아니다. 그러나 몇 번 파팟 하고 강한 전기충격을 경험하면 정전기에 민감해진다. 때로는 큰 고통과 공포를 느낀 단 한 번의 경험으로도 예민함이 생겨버린다.

초등학교 6학년 때의 일이다. 운동회 이어달리기 연습을 하다가 잠깐 쉴 때 장난기 많은 친구가 경기용 신호총을 내 귓가에 대고 쏴버렸다. 순간 얼굴의 핏기가 사라지고 앞이 캄캄해지며 띵 하는 소리만 났다. 그 사건 때문에 소리에 민감해졌는지 확신할 수는 없지만, 소리를 무서워하게 된 것은 확실하다.

예민함은 어떤 의미에서 학습되는 것이라 할 수 있는데, 뇌가 경계해야 할 위협으로 학습해버리는 것이다. 거기에는 학습에 관여하는 회로가 연관되어 있는데 이때 중요한 역할을 하는 것이 NMDA수용체(세포의 사멸과 정상세포 간의 신호전달을 조절하는 것으로 알려진 신경수용체)다. NMDA수용체는 약한 자극에는 작용하지 않지만 일단 스위치가 켜지면 한동안 흥분이 계속되는 성질이 있다. 강한 자극이거나, 다소 약한 자극이라도 반복되면 이 스위치가 켜져버린다. NMDA수용체는 뇌의 여러 부위에 존재해서 학습과 같은 가소적可塑的 변화(일단 생기면 그 상태가 유지되는 변화)에 관계한다.

무섭거나 불쾌했던 경험이 트라우마로 남는 데 큰 역할을 하는 것이 아몬드 모양을 한 편도체라는 기관이다. 편도체는 공포 같은 부정적인 감정의 중추로, 불쾌했던 기억은 이 편도체에 새겨진다. 그런 경우에도 NMDA수용체가 반응해 장시간 계속 흥분(장기증강長期增强 또는 장기강화長期强化라고 한다)을 일으켜서 예민하고 상처받기 쉬운 상태가 만들어진다.

물론 뇌에는 흥분을 억제하고 순화를 만들어내는 시스템도 있지만, 흥분을 가라앉히는 시스템이 약하거나 자극이 너무 강하면 예민 스위치가 켜져버린다. 흥분을 억제하는 시스템 중에 세로토닌serotonin이라는 신경전달물질을 매개로 하는 회로가 있다. 편도체에서도 세로토닌은 불안과 공포로 인한 흥분을 진정시키는 작용을 하는데, 선천적으로 세로토닌을 운반하는 펌프의 기능이 약한 사람이 있다. 그런 사람은 장기강화가 일어나기 쉬워 예민해진다.

일반적으로는 자극에 익숙해지면서 반응 역치가 오르는데, 예민 스위치가 켜지면 역치가 오히려 낮아져버린다. 그 결과 다른 사람들은 신경 쓰지 않는 소리나 냄새도 견디지 못하고 공포마저 느끼게 된다. 예민한 사람이 쉽게 마음의 상처를 받고 또 그로 인해 더욱 예민해지는 악순환은 이렇게 해서 생긴다. 예민한 경향과 마음의 상처가 강한 상관을 보이는 것도 이런 구조 때문이다.

불안과 공포에 압도되어 공황상태에 빠지는 것은 사소한 자극에도 편도체가 멋대로 흥분해 폭주하기 때문이다. 이런 상황에서는 평소 냉정한 사람이라도 심한 불안과 공포의 소용돌이에 빠져버려 어떻게 할 수 없다.

그러나 통제력을 되찾는 방법이 없는 것은 아니다. 편도체는 원래 전전두엽prefrontal area(전두엽 중에서도 가장 앞쪽에 위치하는 영역)이라는 뇌의 사령탑으로부터 조절과 통제를 받는다. 그 통제를 강화하면 불안과 공포가 폭주하는 것을 막을 수 있다. 통제력을 높이는 대표적인 방법이 인지행동요법이다. 이것에 대해서는 다음에 자세히 설명할 것이다.

또 세로토닌을 활성화하는 약도 효과적이다. 우울증이나 공황장애 치료에 사용되는 SSRISelective Serotonine Reuptake Inhibitor(선택적 세로토닌 재흡수 억제제)는 세로토닌의 작용을 강화해 편도체의 흥분을 가라앉히는 데 도움이 된다.

쉽게 흥분하고, 진정이 안 된다

예민한 사람은 특정한 자극에 예민 스위치가 켜진다. 원래 스위치가 켜지기 쉬운 특성을 갖고 있기 때문일지도 모른다. 그런 경우 보통 다른 자극에도 예민해진다. 무언가 한 가지에 알레르기가 생기면 점점 알레르기를 일으키는 대상이 늘어나듯 예민함도 특정한 하나에서 여러 가지로 늘어나기 쉽다.

그러므로 자신의 예민함을 지나치게 일반화하는 것을 경계해야 한다. 특정한 사람에게 불쾌감을 느낀다고 해서 모든 사람이 싫은 것은 아니다. 자신은 누구와도 잘 지내지 못한다고 극단적으로 받아들일 것이 아니라 단지 그 사람과 맞지 않는 것뿐이라고 생각하는 자세가 필요하다.

결국 과잉반응을 일으키는 것도 억제계 시스템이 약하기 때문이다. 억제계가 약하면 일부분만 반응하면 될 일에도 전체가 반응해버려 과잉반응이 일어난다.

억제계 신경 시스템으로 또 하나 중요한 것이 감마 아미노뷰티르산GABA, gamma aminobutyric acid이라는 신경전달물질이 관계하는 시스템이다. GABA는 신경세포를 진정시키는 역할을 한다. 그런데 이 시스템이 약하면 흥분이 잘 가라앉지 않고, 그 상태에서 다음 자극이 가해지면 과열돼버린다.

강한 심적외상心的外傷(외부의 요인에 의해 정신적 충격을 받은 상태로, 오랫동안 마음의 상처가 되는 것을 가리킨다)으로 일어나는 장애에 외상 후 스트레스 장애PTSD, Post Traumatic Stress Disorder가 있다. 외상 후 스트레스 장애가 있는 사람은 신경이 흥분해 있어서 예민해지기 쉬운데, 혈액 중 GABA 농도를 측정해보면 떨어져 있다. 게다가 스트레스를 받으면 보통은 올라가는 GABA 농도가 조금밖에 오르지 않는다.

순화를 일으키는 전자극 억제도 이런 억제계 시스템에 의한 것이라서, 이 시스템이 약하면 익숙해지기는커녕 예민 스위치가 쉽게 켜진다. 이 GABA의 기능을 활성화하면 신경을 진정시킬 수 있는데, 가장 손쉬운 방법이 술을 마시거나 항불안제를 복용하는 것이다. 알코올이나 항불안제도 GABA계를 활성화하기 때문에 그런 물질의 도움을 받아 기분을 진정시키려는 것이다.

그래서 예민한 사람은 알코올의존증이나 항불안제 의존에 걸리기 쉽다. 신경을 좀 더 안전하게 진정시킬 다른 방법이 있다면 당연히 그쪽을 선택하는 편이 낫다. 바로 마인드풀니스, 명상, 요가, 기분전환 등이 그런 방법이다. 이에 대해서는 이후에 다시 설명할 것이다.

젊은 사람이 더 예민한 까닭

이렇게 억제 시스템이 약하면 여러 어려움이 생긴다. 무언가에 익숙해지는 것이 어렵기 때문에 새로운 자극과 환경을 두려워한다. 사회에 적응하는 데도 어려움을 겪는다. 신경학적 예민함이 심리사회적 예민함 못지않게 사회적응도에 높은 상관을 보이는 것도 그런 이유에서다.

새로운 사람이나 장소에 익숙해지기 어려울뿐더러 새로운 음식에도 거부감을 느끼며, 돌발 상황에 심한 스트레스를 받거나 공황상태에 빠진다. 변화보다는 지금 그대로를 좋아해 도전을 피하며 위험 회피와 안전을 우선한다.

사람들과의 만남도 부담으로 느껴 모임이 있어도 피곤하고 불쾌해질 것이라고 여겨 취소해버린다. 그러다 보니 친구가 하나둘 줄어든다. 이런 소극적인 경향은 신기하게도 젊을 때 더 강하다. 예민함은 성호르몬과도 관계가 있는데, 성호르몬이 10대 후반부터 20대 사이에 많이 분비되기 때문이다. 예민한 사람 중에는 젊었을 때 더 기운이 없었다는 사례가 적지 않다. 그러나 나이가 들면서 예민함은 조금씩 줄어들기 시작한다. 약했던 억제성 신경계도 신체의 성숙과 함께 그 기능이 강화되는 것인지도 모른다. 많은 사람들이 나이 먹고 더 편안해졌다고 느낀다. 그러므로 지금 예민해서 고민인 젊은이가 있다면 절대 비관할 필요가 없다.

넘치는 정보는 뇌를 더욱 예민하게 만든다

뇌는 매우 높은 수준의 정보처리 시스템인데, 다른 정보 시스템과 마찬가지로 입력정보가 너무 많으면 제대로 작동하지 않는다. 재해가 일어났을 때 휴대전화 사용이 폭주해 통신이 마비되는 것과 마찬가지다.

처리 능력을 초과해 많은 정보가 들어오면 뇌도 혼란에 빠진다. 감각 입력도 마찬가지다. 그것을 막기 위한 시스템이 필터링filtering이다. 필터로 불순물을 거르듯이 불필요한 정보를 제거하는 것이다. 이러한 작업이 뇌의 시상視床(간뇌의 대부분을 차지하는 회백질부로 많은 신경핵군으로 이루어져 있다)이라는 영역에서 이루어지기 때문에 '시상 필터'라고 부른다. 입력정보가 너무 많아 머릿속이 혼란해지려고 하면 필터 기능을 강화해 입력정보를 줄인다. 이 시스템이 작동함으로써 뇌가 지쳐 마비되는 것을 막아준다.

이 필터의 기능이 약하면 불필요한 정보까지 들어오기 때문에 뇌가 쉽게 피로해지고 실수나 혼란이 일어난다. 집중하지 못해 작업과 학습 능률이 떨어진다. 선택적 주의가 약해져 시끄러운 장소에서 말을 하면 잘 알아듣지 못하고 쉽게 지쳐버린다. 뇌가 지치면 아무것도 느낄 수 없고 정보가 머리에 들어오지 않는 것도 이 때문이다. 그럴 때는 차분히 쉬는 것이 제일이다. 뇌가 스스로를 지키려고 작동을 멈추는 것이기 때문이다.

그런데 이런 시스템이 제대로 기능하지 않아서 지쳤는데도 뇌가 계속 움직이는 사람들이 있다. 용량 초과로 폭발 직전인데 정보가 계속 들어간다. 그렇게 되면 뇌가 완전히 지쳐버려서 우울증에 빠지거나 반대로 폭주해 조울증이 되거나 조현병이 생기기도 한다. 그런 위험을 본능적으로 피하는 것인지, 예민한 사람은 자극이 심한 환경에서 벗어나려고 한다. 사람들과의 교류를 꺼리고 혼자 조용히 지내거나, 사람이 많고 시끄러운 곳을 피하고 자기 방에서 느긋하게 있는 것을 좋아한다.

이것은 이치에 맞는 행동이라고 할 수 있다. 감각과민인 사람은 뇌가 지나치게 움직이고 정보 필터도 약하기 때문이다. 그래서 물리적으로 정보를 차단하고 멍하니 있는 것도 중요하다. 정보와 자극이 넘치는 환경에 있으면 피곤하기만 할 뿐이고 정신건강에도 좋지 않다.

예민한 사람의 2가지 표정

정신과 의사는 사람의 표정을 매우 중시한다. 표정에 그 사람의 정신상태가 드러나기 때문이다. 예민한 사람은 표정이 굳어 있고 풍부하지 않다. 잘 웃지도 않지만, 웃을 때도 긴장한 듯

부자연스럽고 진심으로 즐거워하지 않는 것이 보인다. 시선이 흔들리고 주위를 두리번거린다. 눈을 자주 깜빡이고, 입가나 눈가에서 불수의不隨意(개인의 의지에 따라 조절되지 않는 것) 운동을 보인다.

사실 이는 단순한 심리 현상이 아니라 뇌 신경계의 작용을 보여주는 생리 현상이기도 하다. 예를 들어 눈 깜빡임은 도파민계 활동의 좋은 지표다. 도파민계가 활발히 활동하면 깜빡임이 많아진다. 반대로 파킨슨병이나 중증 우울증으로 도파민계의 활동이 약해지면 깜빡임이 극단적으로 줄어든다. 표정에도 도파민계의 활동이 여실히 드러난다. 활동이 많든 적든 표정이 굳어진다는 점에서는 비슷한데, 전자의 경우에는 험악해지고 후자는 가면처럼 무표정해진다. 뇌 속 세로토닌계의 활동도 표정과 분위기에 드러난다. 세로토닌계가 항진亢進인 사람은 보스처럼 당당하며 때로는 오만함까지 보이고, 저하인 사람은 주뼛거리거나 흠칫거린다.

예민할 때 겉으로 드러나는 반응은 크게 2가지다. 하나는 불안해하거나 안절부절못하는 반응이다. 또 하나는 껍데기 안에 틀어박히듯 주위와 거리를 둠으로써 자신을 지키려는 반응이다. 전자의 경우는 표정에서도 저항과 부정적인 분위기가 드러난다. 기관총처럼 분노와 불만, 상처 입은 마음을 마구 드러낸다. 반면 후자의 경우는 눈을 내리깔고 말수도 줄어든다. 감정을 억제하는 경향이 있다.

　이후에 자세히 언급할 테지만, 사실 이런 반응은 뇌 기능의 차이를 반영한다. 전자는 우전전두엽의 활동이 활발했고, 후자는 좌전전두엽의 활동이 활발했다. 똑같이 예민해도 겉으로 드러나는 모습은 정반대다.

사람을 만나는 일이 두렵다

예민한 사람이 보이는 또 하나의 경향은 사람이 옆에 있거나 가까이 오면 불편해한다는 것이다. 타인과 거리를 두어야 안심한다. 스킨십은 보통 안도감을 주는데 예민한 사람은 오히려 몸이 닿는 것에 저항과 불쾌함을 느낀다. 사람이 다가오는 것만으로도 고통스러워한다.

　예민한 사람은 긴장을 잘 하는데 특히 사람을 대할 때 더 그렇다. 사람들 앞에 나서는 것도 꺼린다. 예민한 사람에게 스스럼없이 다가가거나 스킨십하는 것은 생각해봐야 할 문제다. 상대방은 당황하거나 불쾌해할 수도 있다.

　F는 23세 여성이다. 사람들 앞에 서면 심하게 긴장해서 울음이 터질 정도다. 대인 긴장이 아주 심한 사람 중에는 이런 경우도 있다. 사회생활이 어려울 정도로 과도하게 긴장하는 상태

를 사회불안장애social anxiety disorder라고 하는데 F도 이 장애를 갖고 있었다.

　F는 감각과민과 함께 순화저항이 강하고 애착불안과 마음의 상처 점수도 높았다. 이렇게 긴장이 심하기 때문에 사람과의 접촉을 피하고 집 안에 틀어박히려고만 했다. 진찰과 상담을 받으면서 차츰 좋아져 외출 횟수도 늘고 사회생활도 시작했다.

　그런데 어떤 사건을 계기로 고민이 많아졌다. 바로 이사다. 낡은 단독주택에서 새 아파트로 이사를 했는데 새집에 익숙해지지 않고 이전의 단독주택이 더 좋았다는 생각에 우울해진 것이다. 아직까지도 F는 실수나 실패를 털어내지 못하고 자꾸 생각하는 경향이 있다. 처음 집 안에 틀어박히게 된 것도 열심히 했던 일을 그만두면서 자신은 무얼 하든 안 된다고 생각했기 때문이다. 예민한 사람은 새 환경에 익숙해지기 어려울뿐더러 과거에 얽매이기 쉽다.

예민하다면서 둔감한 사람

쉽게 이해하기 어려운 부분인데, 예민한 사람이 한편으로는 둔감한 면도 보이는 경우가 많다. 둔감하다고 하면 어폐가 있을 수도 있다. 쉽게 생각이 미치지 못한다고 할까. 소리에 민감하고 무언가가 몸에 닿는 것도 싫어하는 반면, 자기 얼굴에 뭐가 붙어 있는 것도 모르고 옷에 가격표가 그대로 달려 있을 때도 있다. 민감하다면서도 되레 자잘한 것에 신경을 쓰지 못해서 눈앞의 물건도 알아채지 못한다. 언뜻 모순적이어서 오해를 사기도 한다. 주위에서는 멍청한 사람이라고 생각하기도 한다. 또 사소한 것에 예민하게 반응하고 소란을 떨어 버릇없다는 인상을 주기도 한다.

쉽게 잠들지 못하지만 일단 잠이 들면 자명종 소리도 못 듣고 계속 잔다. 이것도 저등록 경향이 함께하기 때문이다. 의식이 잘 전환되지 않아 쉽게 시작하지 못하는데, 일단 시작하면 멈추지 못한다.

부정적 사고와 극단적 사고

똑같은 일도 받아들이기에 따라서 느낌이나 영향은 180도 달라진다. 그런데 예민한 사람일수록 부정적으로 받아들인다. 예를 들어 일이 너무 힘들어서 고민하다 입사 1년 만에 회사를 그만두게 되었다고 하자. 긍정적인 사람은 그런 환경에서 1년이나 버틴 자신을 칭찬하며 자신에게 어울리는 새로운 일을 하기 위해 그만둘 적기였다고 생각한다.

그런데 부정적인 사람은 1년 만에 그만두다니 형편없다, 모두의 기대를 저버렸다, 여기서 1년밖에 못 견뎠으니 어딜 가도 마찬가지일 거라며 자책한다. 또 이미 지나간 과거의 일을 후회하느라 새로운 시작을 못하고 마음의 상처를 질질 끈다.

직장을 그만둔 후 새로운 기회를 잡거나 좀 더 자신다운 삶을 찾아나서는 사람도 많은데, 일을 그만두면 끝장이라는 고정관념에 얽매인 사람은 직장에 적응하지 못한 자신을 질책한다. 그나마 다행인 것은 예민함과 부정적 인지의 상관은 계수가 0.39로 비교적 약하다는 점이다. 예민함을 고칠 수 없더라도 인식을 바꾸는 것은 가능하고, 이후에 살펴보겠지만 이런 훈련을 통해 예민함으로 인한 고통을 줄일 수도 있다.

예민한 사람에게 나타나는 특징적인 인지 경향은 부정적이 아니라 이분법적이었다. 예민함 점수와 이분법적 인지와의 상관은 0.50으로, 부정적 인지와의 상관보다 더욱 강했다.

전부 아니면 전무全無, 흑 아니면 백이라는 인지를 이분법적 사고라고 하는데 예민한 사람들은 극단적인 결론으로 치닫는 경우가 종종 생긴다. 그전까지 호의적이었어도 무언가 자신과 맞지 않는 일이 일어나면 전부 부정하고 관계를 끝내버리는 경우도 드물지 않다.

표 8은 예민함과 이분법적 사고 경향에 따라 4개 그룹으로

예민함 내려놓기

표 8

	이분법적 사고(+) (행복도)		이분법적 사고(−) (행복도)	
예민함(+)	43.4%	(1.21)	10.8%	(1.44)
예민함(−)	27.7%	(2.00)	18.1%	(2.00)

나눠서 각각의 인원수 비율과 행복도의 평균을 나타냈다. 예민함이 강한 사람(예민함 점수가 12 이상)에서는 이분법적 사고를 가진 사람이 그렇지 않은 사람의 4배 정도였다. 예민함이 별로 없는 사람(예민함 점수가 12 미만)에서는 이분법적 경향을 가진 사람은 그렇지 않은 사람의 1.5배 정도였다.

단, 예민한 사람이 모두 이분법적 경향을 나타내는 것은 아니란 것도 중요한 사실이다. 예민해도 5명에 1명은 이분법적 경향이 거의 없었다. 각각 행복도의 평균을 조사해보면 예민하고 이분법적인 사람들은 행복도가 1.21(1이 최저, 4가 최고)인데 비해 예민해도 이분법적 사고가 강하지 않은 사람은 행복도가 조금 높은 1.44였다.

반면에 예민함이 그다지 강하지 않은 사람들은 이분법적 사고와 상관없이 행복도가 2.00으로 똑같았다. 예민한 사람의 경우는 이분법적 사고가 행복도를 더 떨어뜨리는 것으로 추측된다. 이후에 살펴보겠지만 이분법적 사고에 빠지지 않는 것이 예민함의 부정적 영향을 예방하는 데 도움이 된다.

항상 어딘가 아프고 피곤하다

예민한 사람은 대개 우울하고 몸이 좋지 않다. 두통과 위통, 구역질, 현기증, 설사 같은 신체 이상이 늘 나타난다. 또 쉽게 지쳐 잠깐 외출해도 다른 사람의 몇 배나 피곤해하고 2~3일 몸져누울 정도다. 외출하거나 사람을 만날 일이 있으면 전날 밤잠을 못 이루기도 한다.

피곤하면 더욱 예민해져서 잠을 잘 못 잔다. 이것도 억제성 신경계가 약하기 때문이다. 잠자리에서 정신이 말똥말똥해져 이런저런 생각을 한다. 그러다 보니 낮 시간대에 녹초가 되어 무기력증으로 오해받기도 한다.

억제성 신경계는 정신적인 부담을 덜어주고 긴장을 풀어주는 역할을 하기 때문에, 그 기능이 나쁘다는 것은 쉽게 긴장하고 몸이 굳는다는 뜻이다. 실제로 예민한 사람은 어깨결림과 두통을 호소하는 경우가 많다. 진통제를 달고 사는 사람도 적지 않다. 신체화와 신경학적 예민함의 상관은 0.55로 다소 강한 관련을 보였다. 모두 다 그런 것은 아니지만 위험성이 높은 편이다.

예민함 내려놓기

신체화와 망상

예민한 사람에게 나타나기 쉬운 문제로 신체화와 망상이 있다. 표 9는 예민함과 신체화 유무로 4개 그룹으로 나눠서 인원수 비율과 각 그룹의 행복도, 망상의 평균치를 나타낸 것이다.

예민하지 않은 사람의 경우 신체화하기 쉬운 사람은 전체의 6%, 신체화가 거의 나타나지 않는 사람은 약 40%이므로 예민한 사람의 13%에 불과하다는 것이 된다. 반면에 예민한 사람의 경우는 신체화하기 쉬운 사람의 비율이 절반에 가깝다. 위험성이 약 4배이다.

또 예민한 경우 행복도가 떨어지는데, 신체화도 행복과 관련 있다. 예민한 데다 신체화도 나타나는 사람은 행복도가 크게 떨어진다. 또 주목해야 할 것은 양쪽의 악조건이 겹치면 망상경향이 눈에 띄게 심해진다는 것이다.

예민한데 몸까지 안 좋으면 피해의식도 생긴다. 신체화와 망상은 스트레스를 받은 결과인 동시에 몸을 지키기 위한 방어 반응이기도 하다. 몸의 어딘가가 아파 더 이상 무리하지 않고 주위의 관심과 위로를 끌어내려는 것이 신체화다. 반면 망상은 불합리하고 뜻대로 되지 않는 현실에서 자신의 잘못이나 무력함과 마주하기를 피하고 주위에 잘못과 책임을 전가한다. 그럼으로써 자신의 정당성을 지키려고 하는 것이다.

표 9

	신체화(−) (행복도, 망상경향)		신체화(+) (행복도, 망상경향)	
예민함(−)	39.8%	(2.03, 0.33)	6.0%	(1.80, 0.40)
예민함(+)	27.7%	(1.39, 1.93)	26.5%	(1.11, 3.18)

　지금까지 정신의학에서는 몸의 증상이 심해지면 정신상태가 오히려 좋아진다는 것이 '신화'처럼 전해지는 '상식'이었다. 이는 실제로 종종 일어나는 일로, 죽고 싶다고 입버릇처럼 말하던 사람이 정말로 죽을 뻔한 일을 겪은 뒤 삶에 적극적인 자세를 보이거나, 환청과 망상에 시달리던 사람이 몸에 병이 생긴 후 마치 제정신으로 돌아온 것처럼 안정되는 그런 현상이다.

　신체화함으로써 망상적인 방법으로 몸을 지킬 필요가 없어지는 원리도 분명 존재한다. 그러나 이번 조사를 통해서도 확실해졌듯이 일반적으로는 그 '상식'이 통하지 않고 신체화와 망상은 오히려 함께 나타나 악순환을 만들어낸다.

늘 상대의 안색을 살피고, 쉽게 상처 입는다

신경학적으로 예민한 사람은 대체로 다른 사람의 안색에 민감해 사소한 변화로도 자신이 버림받았다고 생각한다. 소중한 사람을 믿지 못해 항상 상대의 반응에 신경 쓰고 언젠가 버림받지 않을까 불안해한다.

이런 애착불안과 신경학적 예민함의 상관은 0.68로 매우 높았다. 부모에게 버림받은 고통스러운 경험 때문에 신경학적 예민함이 커졌는지 혹은 원래 예민했는데 버림까지 받아 더욱 쉽게 상처받는지는 이 결과로는 알 수 없다. 하지만 지금까지 이루어진 많은 연구결과를 보면 양쪽이 모두 관계있음을 알 수 있다.

소리에 대한 민감성 같은 감각적 예민함도 유전율은 36%에 불과하다는 보고가 있다. 나머지 3분의 2는 환경에 의해 결정되는 것이다. 어릴 때 부모가 화내는 소리에 무서워 떨며 자란 사람은 소리에 예민해진다. 실제 그런 예는 많다.

그런 사람이 소리나 다른 사람의 안색에 민감한 것도 이상한 일은 아니다. 폭력적인 부모 밑에서 불안하게 자란 사람에게는 오히려 그것이 당연하다. 물론 아예 느끼지 않는 것으로 자신을 지키려는 방어반응도 일어나는데, 그런 경우는 저등록이 함께 나타난다. 참고로 나는 생후 10개월 때부터 반년 동안 어머니가 입원했기 때문에 친척 집에 맡겨졌었다. 어머니가 돌아왔을 때 나는 매우 착한 아이가 되어 있었고 어머니의 말을 잘 들었다고 한다. 그러나 반년이 지나자 손이 많이 가는 아이로 변해 어머니를 힘들게 했다고 한다. 어리광 부리게 되기까

표 10

	마음의 상처(−) (망상경향, 사회적응도)	마음의 상처(+) (망상경향, 사회적응도)
예민함(−)	31.3% (0.12, 1.73)	14.5% (0.83, 1.50)
예민함(+)	6.0% (1.00, 1.60)	48.2% (2.74, 0.98)

지 반년이 걸린 걸까.

신경학적으로 예민한 사람은 마음에 상처를 잘 입고 그 상처가 오래간다. 마음의 상처 점수와의 상관계수는 0.64로 상당히 높았다. 표 10은 예민함과 마음의 상처 점수에 따라 4개 그룹으로 나눠 각 인원수 비율과 각 그룹의 망상경향, 사회적응도의 평균을 나타낸 것이다.

그다지 예민하지 않은 사람들의 경우 마음의 상처 점수가 높은 사람은 낮은 사람의 절반 정도였는데, 예민한 사람들에게서는 그 비율이 역전해서 마음의 상처 점수가 높은 사람이 낮은 사람의 8배나 되었다. 마음에 상처를 입을 위험은 예민한 사람이 2.8배 더 많다는 계산이 나온다.

또 두 요인이 겹치면 망상이 강해지는 것을 알 수 있다. 예민함도 마음의 상처도 거의 없는 경우에는 불과 0.12라는 낮은 값(0이 가장 낮고, 최고가 3)인데, 예민함과 마음의 상처를 모두 안고 있는 사람에게서는 2.74로 뛰었다. 반대로 사회적응도는 낮아져 사회에 잘 적응하지 못한다고 느꼈다.

예민함 내려놓기

과거의 힘든 상황(본인이 그것을 불우하고 가혹한 것이라고 얼마나 느끼는가)과 마음의 상처 사이의 상관은 0.24로 약한 편이어서, 그 사람의 과거 이상으로 신경학적 예민함이 마음의 상처를 오래가게 했다.

삶이 고달프다고 느낀다

이번 조사에서 예민함과 가장 밀접한 관계를 나타낸 것은 삶의 고달픔이었다. 예민함 점수와의 상관계수는 0.71이나 된다(표 11).

예민한 사람은 삶의 기쁨보다 고통이 더 클지도 모른다. 살기 싫다고 느끼는 데는 기분뿐만 아니라 몸의 이상도 관계가 있는데, 무엇보다 예민한 사람을 괴롭게 하는 것은 심리사회적인 취약성이다.

실제로 신경학적 예민함과 삶의 고달픔과의 상관은 0.55, 신체화와 삶의 고달픔과의 상관은 0.44였는데, 심리사회적 예민함과의 상관계수는 0.77로 훨씬 높은 수치였다. 심리사회적 예민함이 삶의 고달픔과 매우 관련이 깊다는 것을 알 수 있다. 버림받는 것에 매우 민감한 경계성 성격장애borderline personality disorder를 가진 사람의 약 10%가 자살을 하고, 남에게 괴롭힘을

표 11

	감각예민 + 감각회피	신경학적 예민함	심리사회적 예민함	예민함 점수
삶의 고달픔	0.42	0.55	0.77	0.71
행복도	0.34	0.37	0.53	0.50

당하거나 직장 상사에게 갑질을 당한 사람이 자살을 시도하는 경우가 많은 것도 심리사회적 예민함에 한 요인이 있다.

또 심리사회적 예민함은 행복도와도 관계 깊다. 다만 그 정도는 삶의 고달픔보다는 약하다. 좀 더 조사해보기 위해 행복도가 높은지 낮은지, 삶의 고달픔을 느끼는지 거의 느끼지 않는지, 4개 그룹으로 나눠서 각 그룹의 경향을 알아보기로 했다.

각 그룹의 전체에서 차지하는 인원수 비율과 생활장애지수 평균, 긍정적 인지 점수의 평균을 나타낸 것이 표 12다. 삶의 고달픔을 거의 느끼지 못하는 사람들은 대부분 행복하다고 대답했다. 한편 삶이 고달프다고 느끼는 사람은 불행하다고 느끼는 사람의 비율이 행복하다고 느끼는 사람을 웃돌았다. 그래도 삶이 고달프다고 대답한 사람 가운데 44%는 행복하다고 대답했다.

삶이 고달프면서도 행복하다고 대답한 사람과 그렇지 않은 사람 사이에는 어떤 차이가 있을까. 생활장애지수를 보면 행복하다고 대답한 사람이 생활장애지수가 낮긴 하지만 큰 차이는

표 12

	행복도(+) 생활장애지수 긍정적 인지		행복도(−) 생활장애지수 긍정적 인지	
삶의 고달픔(−)	22.9%		1.2%	
	9.7	2.10	5.0	1.00
삶의 고달픔(+)	33.7%		42.2%	
	20.3	1.00	23.6	0.63

아니다. 더욱 현저하게 차이를 보인 것은 긍정적 인지 경향이다. 삶의 고달픔을 느끼면서도 행복하다고 대답한 사람들은 긍정적 인지 점수가 그렇지 않은 사람보다 1.6배 높았다. 반대로 삶의 고달픔이 거의 나타나지 않는데도 불행하다고 대답한 사람은 긍정적 인지의 점수가 행복하다고 대답한 사람의 절반 이하였다.

어쩌면 긍정적 인지 경향이 있는 사람은 지금 자신이 처한 상황이 어떻든 행복하다고 대답하는 것일지도 모른다. 긍정적 인지는 상황이 어려워도 절망하지 않는다는 점에서 방파제와 같은 역할을 한다.

마음의 안전기지를 찾지 못한다

예민한 사람은 보통 사람보다 의지할 대상과 안도감을 더욱 필요로 한다. 그러나 현실은 가혹해서 그렇지 못한 경우가 많다.

예민한 사람일수록 자신에게 안도감을 줄 만한 의지처가 없다고 느낀다.

안도감의 근거가 되는 존재를 '안전기지'라고도 부른다. 그 사람에게 안전기지가 제대로 기능하는지와 신경학적 예민함과의 상관은 −0.41, 심리사회적 예민함과의 상관은 −0.54였다. 신경학적 예민함보다 심리사회적 예민함이 좀 더 상관관계가 높았다.

이 결과에 대해서는 2가지 해석이 가능하다. 첫째, 부모와의 애착이 불안정했거나 학대 또는 괴롭힘을 받아 안전기지가 제대로 기능하지 않은 사람은 심리사회적 예민함뿐 아니라 신경학적 예민함도 높아진다. 둘째, 예민하기 때문에 상대를 믿거나 순수하게 받아들이지 못해 친밀한 관계를 쌓지 못하고 안전기지를 갖기 어렵다.

많은 사례에서 얻은 자료를 토대로 판단해볼 때, 그 2가지가 얽혀 있는 것이 사실이다. 그러나 안전기지는 유전 요인처럼 바뀌기 어려운 요소가 아니다. 본인과 주위 사람의 이해와 노력으로 그 기능을 훨씬 개선할 수 있다. 나 같은 의사나 심리치료사가 뭔가 도움이 될 수 있다고 하면, 가장 큰 역할은 임시 안전기지가 되어주는 것일지도 모른다.

예민함의 유무와 안전기지의 작동 여부에 따라 4개 그룹으로 나눠서 각 그룹의 인원수 비율과 긍정적 인지, 사회적응도

표 13

	안전기지(+) 긍정적 인지 사회적응도		안전기지(−) 긍정적 인지 사회적응도	
예민함(−)	34.9% 1.76	1.72	10.8% 0.78	1.44
예민함(+)	24.1% 0.95	1.20	30.1% 0.60	0.92

의 평균치를 본 것이 표 13이다. 약 40%의 사람이 안전기지가 없다고 느끼는데, 그중 예민하지 않은 사람이 10.8%, 예민한 사람이 30.1%로 큰 차이를 보인다. 예민한 사람은 안전기지가 제대로 기능하지 않을 위험이 약 2.4배 높아진다.

안전기지가 기능하지 않는 사람의 경우 긍정적 인지 점수가 낮아서 부정적으로 생각하기 쉽다. 한편으로는 사회적응도에 대한 영향이 예민함과 비슷한 정도라는 점은 주목할 만하다. 이 사실은 예민해도 안전기지 기능을 높임으로써 긍정적 인지와 사회적응도를 개선할 수 있음을 보여준다. 또 예민함 자체를 개선할 수 있다는 기대도 생기는데, 그것은 임상현장에서는 일상적으로 볼 수 있는 일이다. 안전기지 기능을 개선함으로써 예민함을 줄이고 그것으로 안전기지 기능이 높아지는 선순환을 만들 수 있다.

뛰어난 표현력과 창조성

지금까지 예민함의 부정적인 면만 살펴보았다. 하지만 모든 것에는 단점이 있으면 장점도 있기 마련이다. 예민해서 좋은 점은 무엇일까. 감각과민인 사람은 소통 능력과 표현력이 좋다. 감각이 예민한 사람은 사고력과 정서 체험이 풍부해서 예술적, 문학적 재능이 있는 경우가 많다.

뛰어난 학자나 예술가 중에는 감각과민으로 고통받은 사람이 매우 많다. 《잃어버린 시간을 찾아서》라는 소설로 알려진 프랑스의 소설가 마르셀 프루스트Marcel Proust는 소리에 민감해서 사소한 소리라도 한번 신경이 쓰이면 글을 쓸 수 없었다. 그래서 코르크를 바른 방에 틀어박혀 글을 썼다.

뛰어난 문학가인 나쓰메 소세키도 집 근처 아이들이 떠들며 노는 소리가 신경 쓰여서 자주 화를 냈다고 한다. 자신의 아이가 울어도 화를 냈기 때문에 아내 교코는 늘 조심해야 했다.

감수성이나 표현력과 함께 창의력이 높은 것도 감각과민인 사람들의 특징이다. 이것은 도파민계 활동이 활발한 것과 관련 있다. 도파민계의 활동은 직감과 영감의 원천으로, 감각과민은 그런 큰 이점을 누리기 위한 대가인 것이다.

고장 난 감각

예민함의 원인은 사람마다 다르다

예민함은 질환과 장애가 있을 때는 물론이고 잠이 부족하거나 과로, 숙취가 있어도 나타난다. 그래서 예민함을 일원적으로 논의하는 것은 위험하다. 앞에서 언급했듯이 발열이라는 증상만으로 열병이라 진단하는 것은 진단적 가치가 없는 것과 마찬가지다. 적절한 대처를 위해서는 병의 배후와 원인을 이해하는 것이 반드시 필요하다. 중한 병의 징후를 놓치지 않으려면 예민함이 여러 질환과 장애에 동반된다는 것을 알아두는 것이 중요하다.

자폐스펙트럼장애 같은 발달장애는 감각과민과 신경과민을 일으키는 대표적인 장애이다. 자폐스펙트럼장애에서는 긴장이 강해지는 경우가 종종 있다. 예민함은 발달장애, 특히 자폐스펙트럼장애 진단에서 매우 중요한 지표이다. 가장 빨리 알아챌 수 있는 신호이기 때문이다. 소통이나 사회성 문제가 두드러지는 것은 1~2세 이후, 때로는 10~20대가 되어서 나타나기도 하는

데, 감각과민과 감각둔감 같은 징후는 생후 반년이면 판단할 수 있다. 자폐스펙트럼장애는 되도록 빨리 발견해 치료하고 대처해야 예후가 좋으므로 생후 1년이 되기 전에 그 징후를 알아채는 것이 중요하다.

어릴 때부터 감각과민이 인정되는 또 하나는 학대받거나 부모와 분리됨으로써 생긴 애착장애이다. 애착장애는 한편으로는 마음의 상처를 입은 경험에서 오는 심적외상 장애이기도 하다.

어릴 때 심적외상을 겪은 사람들은 감각과민과 저등록 점수가 높았다. 따라서 감각 프로파일로 발달장애와 애착장애를 구분하기는 어렵다. 2가지를 식별하는 데 예민함 프로파일이 도움은 되지만, 애착장애에서도 트라우마로 신경학적 예민함이 높아지는 것이 보통이고, 발달장애 어린이도 이차적인 마음의 상처를 안고 있어서 심리사회적 예민함이 높은 경우도 자주 나타난다. 따라서 예민함 프로파일로는 명확히 구분하기 어려운 예가 많다.

역시 가장 신뢰할 수 있는 것은 발육기록과 양육환경에 대해 정확하고 많은 정보를 모으는 것이다. 그러나 성인의 경우 그것이 어려울 때가 많다. 그럴 때 도움이 되는 것이 부모와 안정된 관계가 형성되었는지, 힘들 때 부모에게 어리광 부릴 수 있는지 하는 것이다. 부모와의 관계가 어색하거나 어리광 부리지 못할 경우나, 혹은 지나치게 눈치를 보는 경우에도 애착장

예민함 내려놓기

애를 의심해보는 것이 좋다.

몸에 문제가 있다는 신호

예민함은 정신질환과 신체질환으로도 생긴다. 정신질환 중에서 특히 주의해야 하는 것은 조현병이다. 조현병이 있는 사람은 소리나 시선에 예민해서 외출을 싫어한다. 커튼을 친 방에 틀어박혀 있거나 귀마개를 하고 지내는 경우도 있다. 사람의 목소리나 사물의 소리에 민감해지면 환청도 들리게 된다.

긴장형(조현병의 하나)인 경우 근육이 심하게 긴장되고 흥분과 혼미상태(무동·무반응인 상태)가 된다. 신경이 지나치게 활성화되어 기능정지에 빠져버리는 것이다. 조현병은 예민함과 함께 저등록이 강해지는데, 특히 만성일 때는 더욱 그렇다.

감각과민보다 타인의 수용과 평가, 일의 성공과 실패 등 심리사회적인 압박에 예민해진 상태가 불안장애, 우울장애, 적응장애, 성격장애 같은 정신질환이다. 특정 상황에 특히 예민해지는 대표적인 예가 공황장애와 공포증, 외상 후 스트레스 장애이다.

신경질환과 대사성질환 같은 신체질환에서도 예민함을 볼 수 있다. 감각과민과 함께 저림이나 마비가 나타나는 경우에는 말초신경장애나 뇌혈관장애, 척추관협착증, 외상성 경부 손상에 의한 신경장애를 의심해볼 수 있다.

심한 통증이 동반된다면 섬유근육통(만성적인 전신의 통증과 피로감, 수면장애 및 압통점을 특징으로 하는 류머티즘 질환의 한 종류)과 다발성 경화증(중추신경계에 발생하는 만성 신경면역계 질환), 다발성 근육염(전신적인 결합조직 질환으로 근육의 염증과 퇴행성 변화가 특징이다) 등도 고려할 필요가 있다. 또 내분비질환과 비타민 결핍, 중금속 중독, 복용 중인 약의 영향에 의해서도 감각과민과 통각痛覺과민이 일어난다.

소리에 대한 예민함은 청각과민이라고 하는데, 자폐스펙트럼장애와 조현병 외에도 뇌전증과 안면신경마비, 편두통, 내이內耳(귀에서 가장 안쪽에 위치하며 청각과 평형감각을 담당하는 부위)질환, 뇌염과 수막염 및 그 후유증으로도 나타난다. 빛에 예민해지는 증상은 눈부심이라고 하는데, 각막과 결막의 염증, 망막과 시신경 질환으로 일어나는 경우와 중추신경에 원인이 있는 경우가 있다.

본래는 통증을 느끼지 않던 자극이 통증으로 느껴지는 심한 감각과민은 이질통allodynia이라 하며 편두통과 함께 일어나기도 한다. 지금까지 감각과민이나 신경과민은 아니었는데 그런 증상이 나타났다면 서둘러 전문의에게 진찰을 받는 것이 좋다.

이번 장에서는 선천적 요인이 강하다는 발달장애나 학대에 의한 애착장애와 예민함과의 관계에 대해 자세히 알아보자.

자폐스펙트럼장애와 감각과민

대표적인 발달장애 가운데 하나가 자폐스펙트럼장애이다. 자폐스펙트럼장애는 대인관계나 의사소통에서의 상호성과 공감의 어려움, 감각과민 또는 감각둔감, 같은 행동을 반복하거나 특정 관심과 화제를 고집하는 등의 특징을 보인다. 진단 기준에 감각과민과 감각둔감이 있듯이 자폐스펙트럼장애와 예민함은 깊은 관계가 있다.

실제로 감각과민인 사람들은 사람과의 접촉을 피한다, 듣고 이해하기를 못해서 상대의 이야기를 따라가지 못하고 농담을 바로 이해하지 못한다, 예상 외의 일이 일어나면 혼란에 빠진다, 새로운 것이나 변화를 좋아하지 않는다 등의 경향을 보인다. 이것들은 전부 자폐스펙트럼장애의 특징이다. 감각 프로파일로 보면 감각과민, 감각회피, 저등록이 높은 경향을 볼 수 있다.

불과 수년 전까지만 해도 감각과민은 자폐스펙트럼장애의 진단 기준에조차 포함되지 않았고, 동반되는 증상 정도로만 여겨졌다. 그도 그럴 것이 모든 자폐스펙트럼장애에 감각과민이 나타나는 것은 아니기 때문이다. 오히려 반응 역치가 높은 둔감한 경향이 두드러지는 경우도 있다. 그래서 다른 증상보다 경시되었다.

그런데 연구가 진행되면서 자폐스펙트럼장애에는 감각통합장애(뇌가 감각자극들을 적절히 통합하거나 조직화하지 못하는 장애)가 있고, 그것이 근본적인 장애가 아닐까 하는 가설이 제기되었다. 이 가설은 감각통합가설이라 불리는데, 거의 중요시되지 않았다.

감각통합이론이 신경의학과 심리학이 아니라 작업요법이라는 물리치료 분야에서 생겨났다는 것도 그 이유였을지 모른다. 오랜 기간 자폐스펙트럼장애의 증상 가설로 유력했던 것은 영국의 정신과 의사 사이먼 배런 코헨Simon Baron-Cohen이 주장한 '마음이론theory of mind' 가설이다.

마음이론이란 상대의 입장이 되어 상대의 기분을 아는 능력인데, 자폐스펙트럼장애인 사람들은 마음이론 발달이 더디다. 보통은 4세 정도가 되면 자신의 시점과 타인의 시점을 구별하게 되는데, 자폐스펙트럼장애인 사람은 8세나 그 이후로 늦게 나타난다.

그러나 애당초 왜 마음이론의 발달이 더딘가를 따지면 사실 그 시작은 훨씬 전이다. 아기는 엄마의 표정을 흉내 내고 동작을 따라 하고 엄마의 시선을 좇는데 자폐스펙트럼장애로 진단

받은 아기에게서는 엄마의 표정을 흉내 내거나 엄마와 시선을 맞추는 행동을 거의 볼 수 없다.

거울뉴런mirror neuron 가설의 원리는 상대의 동작을 보거나 상대와 같은 동작을 할 때 작용하는 뉴런(거울뉴런이라고 한다)이 활성화함으로써 상대의 의도와 기분을 읽어내는 것인데, 자폐스펙트럼장애에서는 이 거울뉴런 시스템이 제대로 작동하지 않는다.

거울뉴런이 제대로 작동하지 않으면 상대의 상태에 맞추는 것이 어려워지고, 공동주시共同注視(사람이 보는 사물 등을 같이 보는 행위)나 상호 작용을 하기 어렵다. 단, 왜 이런 일이 일어나는지에 대해 아직은 명확히 밝혀진 것이 없다.

자폐스펙트럼장애인 사람은 극단적인 남성 뇌를 갖고 있다는 '초超남성 뇌' 가설(남성 뇌는 시스템화, 여성 뇌는 공감에 강해서 자폐스펙트럼은 극단적으로 남성화한 뇌의 결과라는 가설)로 이러한 증상을 설명하려는 사람도 있다.

남성 뇌는 정서적인 것보다 논리적이고 시스템적인 것을 좋아한다. 자폐스펙트럼장애인 사람의 남성호르몬 농도가 높다는 것이 그 가설의 근거다. 그렇지만 이 가설로는 감각과민에 대한 설명이 어렵다. 그보다는 신경이 발달하는 과정에서 어떤 문제가 일어나 발달의 불균형이 생긴 것이라는 신경발달장애 가설이 자폐스펙트럼장애의 다채로운 증상을 설명하기에 설득

력 있다.

한편 뇌 영상진단 기술의 발달로 신경섬유의 연결 상태를 해석할 수 있게 되면서 그전까지 감각통합장애로 어렴풋이 인식되었던 증상이 신경주행 이상에 의한 감각처리장애로 판명되었다. 그리고 신경발달장애와 함께 생긴 감각통합장애가 발달장애에서 보이는 여러 특성과 문제를 초래하는 근본적 장애가 아닐까 생각하게 되었다.

감각처리장애의 3가지 유형

감각기관(눈, 귀, 피부, 반고리관, 혀 등)을 통한 지각 정보를 처리하는 과정에 장애가 있어 생활에 많은 어려움이 생기는 상태를 감각처리장애sensory processing disorder라고 한다. 감각처리장애는 크게 3가지 유형으로 나뉜다.

첫째는 감각조절장애sensory modulation disorder로 감각과민, 저등록, 감각추구, 감각회피 같은 각 형태가 지나치게 강해지거나 약해진다. 감각 프로파일은 이 4가지의 균형을 보기 위한 것이다.

둘째는 감각식별장애sensory discrimination disorder로 여러 유형이 있다. 촉각의 식별이 어려운 경우 누군가가 자기 몸 일부를 건드리거나 만져도 모르거나, 자신이 무엇을 만지는지 모르는 경우도 있다. 미각과 혀에 닿았을 때의 촉감에 문제가 있거나 냄새를 구별하지 못하는 유형, 개중에는 타는 냄새를 맡지 못하는 유형도 있다.

소리에 관한 식별장애가 있는 경우는 소란스러운 곳에서 소리를 잘 못 듣거나 비슷한 소리를 구분하지 못한다. 저등록인 상태에서는 감각식별장애도 동반된다.

시각적 감각식별장애인 사람은 색깔과 모양을 구별하지 못하거나 지도를 눈으로 따라가지 못하고, 물건 등의 깊이를 모르거나 좌우를 헷갈린다. 쌓아올린 장난감 나무블록의 개수를 세라고 했을 때 보이는 블록만 세는 경우도 시각적 감각식별장애일 수 있다.

전정기관(귀의 가장 안쪽에 있는 내이에 위치하며 몸의 균형을 담당하는 평형기관)의 식별장애가 있으면 몸이 어느 쪽을 향하는지 위아래나 기울기를 잘 몰라 자주 넘어지고, 자세를 유지하기 어렵다. 악수를 하는데 손어림을 몰라서 상대의 손을 아플 만큼 세게 잡거나 문을 세게 닫아버려 무례하다고 오인받기도 한다. 배가 고픈지 부른지 모른다거나 구역질과 공복을 구별하지 못하는 경우도 있다. 요의나 변의를 느끼지 못해서 화장실에 갈 때를 놓치고 실수하는 일도 일어난다.

셋째, 감각인성운동장애sensory-based motor disorder로, 자세장애

와 발달성 협조운동장애가 있다. 자세를 잘 유지하지 못해 바르게 앉아 있을 수가 없고 몸이 곤약처럼 무너지는 경우 자세장애를 의심해봐야 한다. 발달성 협조운동장애는 손끝과 몸의 동작이 부드럽지 못하고 어색한 상태다. 이런 증상은 전부 발달장애(신경발달장애)에서도 일어나기 쉽다.

단, 주의해야 할 점은 감각처리장애는 학대나 무시에 의한 애착장애에서도 일어난다는 것이다. 감각 프로파일과 이들 증상만으로는 학대받았는지 그렇지 않은지, 발달장애인지 애착장애인지 구분하기 어렵다. 또 학대받거나 무시당한 경우 어머니가 임신 중 알코올을 섭취했을 확률이 높은데, 이 영향과 신체학대로 인한 경미한 뇌 손상 같은 문제까지 더해지면 양쪽을 구별하는 것은 사실상 불가능하다. 그렇기는 하지만 감각과민과 협조운동장애를 비롯한 여러 감각처리장애가 발달 과제를 안고 있는 사람에게서 높은 확률로 나타난다는 것은 분명하다.

감각처리장애는 단순히 사회생활이나 소통의 장애가 아닌, 자폐스펙트럼장애인 사람은 매일 겪어야 하는 어려움이기에 그 사람 고유의 세계를 이해하는 데 큰 도움이 된다. 감각과민과 저등록이 함께 나타나는 것은 물론이고 청각, 시각, 촉각, 미각, 전정감각(평형감각)에 문제가 생기기 쉽다는 점도 감각처리장애로 인식하면 새로운 관점에서 자폐스펙트럼장애를 이해할 수 있다.

예민함 내려놓기

앞서 언급했듯이 자폐스펙트럼장애로 진단받은 아이는 일찍부터 감각과민과 둔감함을 동시에 보인다. 예민해서 특정한 음식이나 옷밖에 받아들이지 못하거나, 거꾸로 둔감해서 주사를 맞아도 전혀 울지 않는다.

소음 자극 중에서 중요한 자극만 선택해 주의를 기울이는 선택적 주의가 떨어지거나 의사소통할 때 상대의 말에 적절히 답하고 여러 사람과 자연스럽게 대화를 주고받는 능력이 현저히 떨어지는 것도 감각처리장애로 보면 된다.

항상 같은 행동을 반복하는 상동증stereotypy도 자폐스펙트럼장애의 주요 증상인데, 예민함 때문에 생기는 불안과 긴장을 달래는 행동이거나 저등록으로 인해 행동 전환이 어려운 것이라고 설명할 수 있다. 실제로는 양쪽 모두일 것으로 여겨진다.

예민함은 주의력에도 영향을 준다

발달 과제에서 주의력의 문제도 높은 빈도로 나타난다. 그러나 똑같은 주의력이라도 거기에는 여러 요소가 있어서 성질이 다른 기능을 포함하고 있다. 주의력은 크게 ① 주의유지 ② 선택적 주의 ③ 주의전환 ④ 주의배분(동시처리) 등의 역할로 나뉜다.

주의유지는 말 그대로 주의를 유지하는 것으로, 주의유지가 잘 안 되면 산만해져서 집중이 어렵다. 잠이 부족하거나 우울, 피로할 때도 주의유지가 어려운데, 그런 상태가 아닌데도 주의유지가 안 된다면 주의력결핍과잉행동장애, 즉 ADHD나 주의력결핍증ADD일 수 있다. 단, 주의유지는 예민함 점수와는 약한 상관밖에 보이지 않았다(상관계수 0.19).

선택적 주의는 소음에 방해받지 않고 특정 소리에만 주의를 기울이는 기능인데, 예를 들어 선택적 주의가 약하면 작은 잡음에도 순식간에 집중할 수 없게 된다. 시끄러운 장소에서는 상대의 목소리를 들을 수 없고, 잡다한 물건 속에서 필요한 물건을 찾지 못한다.

주의전환은 한 시점에서 다른 시점으로 전환하는 기능으로, 이것이 약하면 한 가지 관점밖에 갖지 못하거나 하나의 시점에 얽매인다. 이변이나 잘못을 깨닫는 데도 주의전환이 필요하다. 주의배분(동시처리)은 동시에 여러 가지에 주의를 기울이는 기능으로, 이것이 약하면 한 번에 여러 가지 일을 못한다.

예민함은 주의력 전반에 영향을 미치는데 특히 선택적 주의를 떨어뜨린다(상관계수 0.51). 선택적 주의는 예민함 지표로도 쓰인다. 반면에 저등록이 높은 사람도 선택적 주의나 전환이 어려워진다. 예민함과의 관계로 봐도 주의유지와 선택적 주의나 주의전환과는 매우 성격이 다른 기능이라고 볼 수 있다.

ADHD와 증상은 비슷해도 예민하거나 선택적 주의와 주의

예민함 내려놓기

전환이 약하다면, ADHD보다는 자폐스펙트럼장애나 학대로 인한 애착장애가 문제의 본질인 경우도 많다. 자폐스펙트럼장애와 학대에 의한 애착장애는 예민함과 함께 저등록을 동반한다. 주의력에 문제가 있는 경우 어느 유형의 주의력이 약한지 파악하고 동시에 예민함 여부를 아는 것이 문제의 원인을 찾아내는 데 중요하다.

ADHD와 예민함의 관계

ADHD의 진단 기준으로는 부주의, 과잉행동, 충동 경향 등이 있다. 무계획적이고 충동적인 경향은 예민함과는 약한 상관을 보이고, 또 몸을 움직이는 것을 좋아하거나 강한 자극을 추구하는 경향은 예민함과는 거의 관계가 없다.

본래 ADHD와 관계 깊은 유전 유형은 새로운 자극을 원하는 신기성 탐구다. 감각추구와 활동적인 경향이 예민함과 거의 관계없기 때문에 ADHD와 예민함도 거의 관계가 없다. 따라서 ADHD에 예민함이 동반될 경우에는 학대에 의한 애착장애나 다른 요인(자폐스펙트럼장애, 임신 중의 알코올 섭취나 흡연의 영향 등)이 얽혀 있을 가능성이 높다.

ADHD와 자폐스펙트럼장애는 감각 프로파일에서 어떤 차이를 보일까. ADHD(실제는 학대에 의한 애착장애의 경우도 포함된다고 여겨진다)에서는 4가지 인자 모두 높아지는 경향을 보인다. 반면에 자폐스펙트럼장애에서는 저등록, 감각과민, 감각회피의 3가지 인자가 높아진다. 따라서 양측의 프로파일을 비교해볼 때는 ADHD가 감각추구가 높다는 것을 알 수 있다. 이 점은 신기자극을 원하는 유전 유형의 사람이 많다는 사실과도 일치한다.

학대받은 사람의 감각장애

학대받은 아이들은 감각추구와 감각회피가 높은 것으로 보고되었다. 학대를 당한 아이는 두 유형으로 나눌 수 있는데, 자제하지 못하고 아무에게나 어리광을 부리는 유형과 누구에게도 어리광 부리지 않고 몸을 건드리는 것도 싫어하는 유형이다.

전자는 감각추구가 높고 후자는 감각회피가 높은 유형이다. 보고된 결과는 그 두 유형을 모두 반영하고 있다. 다른 연구에 의하면 어릴 때 트라우마를 겪은 어른은 저등록과 감각과민이 높았다. 같은 경험을 해도 어린이와 어른의 감각 프로파일이 다르게 나타날 수 있다. 이 결과는 또 하나 중요한 가능성을 나타낸다. 그것은 어릴 적 학대로 인해 마음의 상처를 입은 경우는 어른이 되었을 때 자폐스펙트럼장애와 매우 유사한 특성을 보인다는 것이다.

A는 어릴 적부터 어머니가 간호사로 일하면서 거의 보살핌을 받지 못한 데다 무시와 심리적 학대를 받으며 자랐다. 어머니와의 관계도 서먹서먹하다. 감각 프로파일은 저등록과 감각 과민이 매우 높았고 감각추구와 감각회피는 평균이었다. A처럼 무시와 학대를 받으며 자란 사람은 저등록 경향이 강해지기도 한다. 반면에 예민함 프로파일은 신경학적 예민함과 심리사회적 예민함 모두 8로 높았고 예민함 합계 점수는 24였다.

B도 어릴 적부터 아버지에게 학대받으며 자랐다. 어른이 되고 나서 처음에는 무난하게 인간관계를 시작하지만 도중에 문제가 생겨 관계가 끝나버리는 일이 많았다. 감각 프로파일은 감각과민만 높고 나머지는 평균이었다. 반면에 예민함 프로파일은 신경학적 예민함이 6, 심리사회적 예민함이 8로 예민함 합계 점수는 22였다.

이 2가지 사례뿐 아니라 학대(심리적 지배 등의 정신적 학대도 포함한다)나 괴롭힘을 당한 사람의 경우 어른이 되었을 때 감각 과민 등의 신경학적 예민함이 높았고 심리사회적 예민함(애착 불안과 마음의 상처) 역시 그 이상으로 높았다. 심리사회적 예민함이 높은 경우에는 애착이 불안정했거나 마음에 상처를 입었을 가능성이 높다.

저등록에서의 2가지 유형

저등록은 감각조절장애의 하나로, 신경학적 차원의 장애라는 것이 일반적인 이해다. 단, 수백 가지 사례를 통해 놀라운 사실을 알 수 있었다.

성인의 경우 저등록 경향이 현저한 유형은 크게 2가지로 나뉜다. 하나는 스키조이드Schizoid(분열성)라 불리는 유형으로, 남의 일에 무관심하고 그 누구와도 적극적으로 교류하지 않는다. 특별히 그것을 힘들다고 생각하지 않고 하루 하루를 보낸다. 스키조이드와 관계가 깊은 자폐스펙트럼장애와 조현증에서도 저등록은 높아진다. 여기까지는 어떤 의미에서는 예측된 결과이다. 문제는 또 다른 유형이다.

이 유형은 학대받거나 트라우마가 있는 애착장애의 경우였다. 정서불안을 동반하는 예도 많고, 만성적인 우울과 불안정한 기분, 자해행위, 가족과의 불안한 관계로 고통을 받았다. 이 유형은 관심과 도움이 절실한데 거부당하거나 상처받을까 두려워 먼저 행동하지 못하고, 애착불안이 크고 자신감이 없어서 안정된 관계를 쌓기 어렵다. 진단적으로는 회피성 성격장애와 경계성 성격장애를 보이는 경우가 많다.

전자의 경우는 일이나 정해진 일상에 의지하기 쉽다. 후자는 사람과의 관계 속에서 희망을 발견하는 예가 많다. 여러 면

예민함 내려놓기

에서 대조적인데, 양쪽 모두 저등록 경향을 보였다. 이 결과는 학대에 의한 애착장애가 신경학적 차원의 변화를 초래한다는 것을 보여준다.

2015년, 35년간 뉴질랜드에서 이루어진 대규모 코호트 연구cohort study(전향적 추적조사 연구) 결과가 발표되어 학계에 충격을 주었다. 그 결과가 어린이 ADHD와 성인의 ADHD는 다른 것임을 보여주었기 때문이다.

어린이의 ADHD는 치료 여부와 관계없이 대부분 호전되었다. 그에 비해 어른의 ADHD는 사춘기 이후에 시작되었다. 즉, 어른의 ADHD는 발달장애가 아닌 다른 원인으로 일어난다는 것이 된다. 이후 연달아 보고된 다른 두 건의 코호트 연구도 결과는 같았다. 사실 어른의 ADHD는 어린이의 ADHD와 감각 프로파일이 달라 감각과민과 함께 저등록이 높은 경향이 보고되었는데, 어린이와 어른의 ADHD가 다른 것이라면 그 점도 납득이 간다.

어릴 적에는 그다지 부주의하거나 과잉행동을 한 적이 없었는데 어른이 되어서 문제가 생긴 경우에는 기분장애나 불안장애, 인터넷 의존증과 함께, 간과되었던 약한 정도의 자폐스펙트럼장애, 나아가 앞에서 본 학대와 심적외상의 가능성도 고려할 필요가 있다.

발달에 문제가 있는 어린이는 학대나 괴롭힘을 받은 경우가 많다. 원래 예민한 경향인 데다 외상外傷 체험이 더해져 더욱 예민해지는 악순환도 생긴다. 특히 자폐스펙트럼장애인 사람은 과거의 외상 체험이 플래시백하거나 공황상태를 일으키는 예도 자주 있다. 이전에는 그런 경우 도울 수 있는 수단이 부족했는데, 최근에는 약물요법과 함께 트라우마 케어 기술이 발달해서 개선되는 예가 늘고 있다. 그러나 무엇보다 중요한 것은, 본인에게 안전기지가 되는 따뜻하고 안심할 수 있는 환경을 확보하는 것이다.

마음을 다쳐 예민해진 사람들

당신은 불안형인가 회피형인가

이번 장에서는 불안정한 애착과 마음의 상처 같은 심리사회적 예민함에 대해서 자세히 알아보자. 4장에서는 불안정한 애착을 다뤘는데, 그 전에 자신의 애착 유형을 다시 한번 떠올려보자. 45쪽의 예민함 체크 리스트로 확인한 애착불안(③)과 회피경향(⑦)의 점수로 당신의 애착 유형이 불안형인지 회피형인지 판정할 수 있다.

먼저 애착불안과 회피경향의 점수 가운데 어느 쪽이 높은지 확인하자. 그것으로 경향을 파악한다. 다음으로 애착불안만 높은 경우(4 이상)는 '불안형', 회피경향만 높은 경우(4 이상)는 '회피형', 양쪽 모두 높은 경우는 '공포·회피형'으로 판정된다. 점수가 2나 3인 경우는 약하지만 그 경향이 있는 것으로 판정한다. 양쪽 모두 0이나 1인 경우는 '안정형'이다.

보다 정확한 판정에 대해서는 졸저인 《나는 상처를 가진 채 어른이 되었다》에 수록되어 있는 '애착 유형 진단 테스트'를 참고하기 바란다.

타인의 애정과 친절을 포기한 회피형

애착하는 존재에게 도움을 요청했을 때 보호를 받은 아이는 그 존재에 절대적인 안도감과 신뢰감을 갖는다. 그것이 안정된 애착의 기반이고, 가장 큰 특징이기도 하다. 그런데 도움을 못 받고 방치당한 아이는 도움을 바라는 것을 어리석은 짓으로 생각해버린다. 아이는 어떻게든 혼자 힘으로 살아남는 수밖에 없다는 것을 배운다. 아이가 그렇게 생각했다기보다 몸이 그런 반응을 습득한 것이다.

이렇게 되면 어리광을 부리거나 애정을 원하지 않게 되고, 오히려 그런 관계를 번거롭게 느낀다. 친밀한 관계나 신체접촉도 싫어한다. 이렇게 마음을 나누거나 친해지는 것을 거부하는 차가운 애착 유형이 '회피형'이다. 이 유형의 사람은 가능한 한 정서적 감정을 갖지 않으려고 억압한다. 감정이나 기분을 아무 도움도 안 되는 쓸데없는 것으로 여긴다. 그런 것에 신경 쓸 여유가 있다면 일이나 취미, 무언가를 해내는 데 시간을 쓰는 것이 낫다고 생각한다.

이 유형은 남에게 의지하거나 약점을 보이는 것을 싫어한다. 결국 인생은 자기 힘으로 살아가는 것이라고 생각하기 때문이다. 어떤 의미에서 자립했다고 할 수 있는데, 그 '자립'이

예민함 내려놓기

종종 이런 유형의 사람을 막다른 곳으로 몰아넣는다. 다른 이와 상의하거나 도움을 받으면 쉽게 이겨낼 수 있는데 자신밖에 믿지 않기 때문에 궁지에 몰리는 것이다. 이 유형의 사람은 쓰러지기 직전까지 아무 문제없는 것처럼 지내다가 어느 날 갑자기 학교나 회사에 갈 수 없게 되는 경우가 많다.

지나친 행동으로 관심받으려는 불안형

똑같이 돌봄을 받지 못하는 상황에 놓였더라도 사랑받은 경험이 있는 경우에는 전혀 다른 반응을 보인다. 예전에 누린 애정을 포기하지 못하고 그것을 되찾기 위해 이런저런 방법을 쓴다. 매달리다가도 거부하고, 공격하고, 난처하게 만들며 소란을 부린다. 이 전부가 사랑받지 못하는 것에 대한 항의고 애정을 되찾으려는 필사적인 노력이다.

이렇게 애착 대상에 집착을 보이며 애정과 관심을 얻으려는 유형이 '불안형'이다. 불안형은 사랑받지 못하면 어쩌나, 버림받으면 어쩌나 하는 애착불안이 강하다. 애착불안이 강하면 상대가 자신을 받아들일지에 지나치게 신경 써서, 상대에게 인정받지 못한다고 느끼면 상처 입거나 불안해한다. 인정과 안심을 얻으려고 지나친 애착행동을 하게 되는 것이다.

애착과 행복의 관계

예민함과 행복도의 관계에 가장 큰 영향을 주는 것이 애착불안이다. 애착불안이 강한 사람은 행복도가 낮았다. 상관계수는 −0.61이었다. 반면에 애착을 거부하는 회피경향과 행복도의 상관은 −0.33으로 비교적 강하지 않았다. 원하지 않음으로써, 어떤 의미에서는 불행해지지 않는 것이다.

애착불안이 강한 사람은 지나치게 사람에게 의지하고 상대방의 마음에 들려고 하기 때문에 다른 사람의 안색에 민감하다. 그래서 조금이라도 자신을 안 좋게 생각한다고 느끼면 자신이 버려졌거나 존재 가치가 없다고 생각해 화를 내고 상대를 비난한다.

이런 사람일수록 불행하다고 느끼는 경향이 과잉성에 관계하는 모든 인자 중에서 가장 강했다. 이는 감각적인 쾌 · 불쾌 못지않게 다른 이에게 받아들여지고 인정받는 심리적 안도감이 행복을 좌우함을 보여준다.

개인주의 시대가 되면서 개성과 자아실현 같은 자신을 위한 삶이 중시되고 있지만 인간이 사회적인 동물임에는 변함이 없다. 개성의 발휘와 자아실현이 기쁨이 되는 것도 그것을 알아주고 칭찬해주는 존재가 있을 때 가능한 일이다.

자신을 진심으로 걱정해주거나 성공을 기뻐해줄 사람이 없

예민함 내려놓기

다면 힘들게 노력해서 성공해도 허망해질 것이다. 그렇기 때문에 안도감과 기쁨의 원천이 될 든든한 후원자를 찾는 것인데, 그 욕구가 너무 강해도 행복해지기보다 불행해진다.

애착불안은 어떻게 예민함을 만드나

애착은 단순히 심리적인 현상이라기보다 생물학적, 생리적인 현상이다. 애착하는 존재에게 다가가 얼굴을 마주하는 것만으로 자율신경계에는 변화가 일어난다.

예를 들어 아이에게 심박측정기를 달아 관찰해보니 어머니가 없을 때 아이의 심장박동수는 급상승했다. 어머니와 떨어지면 교감신경이 과잉흥분하는 것을 보여준 것이다. 어머니와의 애착이 안정된 아이는 어머니가 다시 나타나면 심장박동수가 빠르게 떨어져 이내 차분해진다. 그런데 애착이 불안정한 아이는 심장박동수가 안정되지 않고 더 뛰어오르기도 한다. 어머니가 안도감을 주는 안전기지로서 기능하지 않는 경우 오히려 스트레스처럼 작용하는 것이다.

학대받은 아이에게 전형적으로 나타나는 애착 유형인 '미해결형'의 경우에도 어머니와 있을 때 교감신경이 계속 흥분해 있었다. 언제 어떤 공격이 올지 몰라 계속 경계하고 있는 것이다.

애착의 신기한 점 중 하나는 그 현상이 상호적이라는 것인데, 자율신경계에서도 그런 상호적인 현상이 관찰된다. 애착이 안정된 관계에서는 어머니와 아이가 다시 만나면 아이의 심장박동수가 떨어지고 차분해지는데, 이때 어머니의 심장박동수도 같은 변화를 보인다. 신기한 것은 다른 상황에서도 애착이 안정된 어머니와 아이는 같은 심장박동수의 변화를 보인다는 것이다. 그것은 정서적으로 끊임없이 교류하고 있음을 나타낸다.

반면에 애착이 불안정한 어머니와 아이는 이런 자율신경계의 동시성도 약하다. 어머니와 아이의 정서 상태가 달라서 자율신경계의 활동도 조율이 이루어지지 않는다. 애착이 안정된 관계는 완벽하게 조율된 악기로 앙상블을 연주하는 것이고, 불안정한 관계는 조율 안 된 악기로 제각각 연주하는 것과 같다.

애착불안의 경우 어머니나 아이 모두 위화감을 느끼겠지만, 그 상황을 어떻게 할 수 없는 아이에게 더 비극적일 것이다. 아직 어린 아이에게 부모가 맞추려 노력하는 것만이 이 불행에서 벗어나는 방법인데, 부모는 자신이 어긋난 반응을 하고 있다는 것을 깨닫지 못한다.

아무튼 그런 위화감을 느끼면서 성장하는 것은 정서나 자율신경계에 부정적으로 작용한다. 그렇게 자라난 아이는 자율신경계의 과잉흥분을 잘 통제하지 못해 스트레스에도 취약하다. 또 그것은 예민함이 되어 몸까지 아프게 한다.

스트레스에 민감한 사람

애착이 안정된 사람은 스트레스를 받아도 자율신경계가 과잉 반응하지 않을 뿐더러 스트레스가 없어지면 빠르게 원래 상태로 돌아간다. 또 안전기지가 되어주는 사람에게서 위로를 얻는 것으로 스트레스 내성이 높아진다. 따라서 자율신경계가 무너지는 지경까지 가지 않는다.

반대로 불안정한 애착 유형인 사람은 스트레스를 받으면 격한 정서반응이 일어나고, 당연히 자율신경계도 강하게 반응한다. 애착을 맺은 존재와의 관계도 양가적(사람이나 사물, 또는 상황에 대해 서로 반대되는 감정과 태도, 경향성이 동시에 존재하는 것)이 되기 쉬워서 의존하면서도 화를 내고 불만을 품는다. 본래 가족이나 연인을 떠올리면 마음이 편해져야 하는데 오히려 흥분하거나 흐트러진다. 불안형인 사람은 스트레스 호르몬이 많이 나오고 스트레스도 오래간다.

단, 이 유형에 이점도 있다. 지나칠 만큼 사람에게 의지하고 도움을 원하기 때문에 주변 사람들이 휘둘리기는 하지만, 일단 도움을 받기 쉽고 감정을 토해냄으로써 어느 정도 스트레스를 줄일 수 있다. 그러면서 자율신경계도 안정을 찾는다.

한편 회피형 애착 유형인 사람은 냉정해서 스트레스를 받아도 자율신경계가 과잉반응하지 않는다. 이 유형은 표면적으로

만 대응함으로써 감정적으로 휘둘리거나 자율신경계가 과잉반응하는 것을 피할 방법을 이미 알고 있다.

그런데 이 유형도 스트레스 호르몬인 코르티솔의 혈중 농도를 측정해보면 그 수치가 높다. 뇌와 몸은 이미 스트레스를 받고 있다는 뜻이다. 또 자신이 전면에 나설 수밖에 없는 입장이 되면 자율신경계는 과잉반응을 보이게 된다. 예를 들어 의견이 충돌할 경우 애착이 안정된 사람은 자율신경계에 영향이 거의 없는데, 회피형은 불안형만큼은 아니지만 자율신경계가 과도하게 긴장한다.

즉, 언뜻 매사에 흔들리지 않는 것처럼 보이는 회피형도 실제로는 스트레스에 강한 것이 아니라 표면적인 관여밖에 하지 않는 태도를 취함으로써 몸을 지키는 것이다. 그러나 자신이 앞장설 수밖에 없는 상황이 되면 회피적인 방어전략은 더 이상 통하지 않아서 순식간에 스트레스에 무너진다.

불안정한 애착이 질병을 일으킨다

고혈압증의 95%는 스트레스와 관계 깊은 본태성 고혈압(원발성 고혈압이라고도 한다. 특별한 원인 없이 수축기 혈압이 140mmHg 이상이거나 확장기 혈압이 90mmHg 이상인 경우)이다.

예민함 내려놓기

유전 요인으로 설명되는 비율이 약 30%로 그리 높지 않아서 환경 요인이 큰 것으로 알려져 있다.

앞서도 언급했듯이 애착불안이 심한 불안형 애착의 경우는 스트레스에 과하게 반응하기 쉬워서 안 그래도 높은 혈중 코르티솔 농도가 스트레스를 받으면 더욱 높아진다. 코르티솔은 스테로이드(부신피질 호르몬)로, 장기간 투여하면 고혈압, 당뇨병, 지질이상증(고지혈증과 저HDL콜레스테롤혈증을 모두 칭하는 용어)의 원인이 된다. 말하자면 불안형 애착인 사람은 스테로이드를 장기간 복용하는 것과 같은 상태가 되는 것이다. 그러다 보니 불안형인 유형은 고혈압에 걸릴 위험이 높다는 연구결과가 있다.

애착은 원래 아이의 안전과 생명을 지키기 위한 진화의 결과물인데, 성인의 건강과 생명을 지켜주는 토대도 된다. 애착과 관련이 있는 옥시토신이라는 호르몬은 항스트레스와 항불안 작용을 하기 때문이다. 불안정한 애착은 그런 방어기구를 약화시킨다.

스트레스와 관계있는 신체질환에서도 불안정한 애착은 병에 걸릴 위험을 높인다. 예를 들어 당뇨병인 사람 중 불안정한 애착인 사람이 70%가 넘고, 궤양성 대장염에서도 74%를 차지한다고 보고되어 있다. 일반 인구에서 차지하는 불안정한 애착인 사람의 비율이 3분의 1 정도인 것을 생각하면 애착이 불안정한 사람은 질환에 걸릴 위험이 2배 이상으로 높아진다. 실제로도 이런 사람은 스트레스성 신체질환과 정신질환이 발생할 위험이 높다.

걱정이 많은 아이

불안이란 무얼까. 한 철학자는 불안이란 원죄에서 유래한다고 주장했다. 어릴 적부터 인간은 죄를 지은 존재라고 배우며 자란다면 그런 결론을 낼 수도 있다. 내 임상 경험에 비추어 말하면 불안의 근원은 아이가 어머니와 떨어질 때 느끼는 분리불안에서 유래한다. 그것은 애착불안으로 바꿔 말할 수 있다. 애착하기 때문에 애착을 형성한 존재로부터 떨어지는 것에 불안을 느끼는 것이다. 그리고 이 불안이 아이를 위험으로부터 지켜준다. 즉, 애착불안은 필요한 것으로 적당히 작용하면 좋은 점도 있다.

그런데 어머니가 바쁘거나 변덕스러워서 안정감을 얻지 못한 채 성장하면 필요 이상으로 안심을 원하게 된다. 이런 불안형 사람은 과장된 행동으로 관심을 끌려고 드는 것이 특징이다.

불안의 근원이 애착불안이라는 것은, 바꿔 말하면 어머니가 어디로 가버리지 않을까 늘 두려워했다는 것이다. 언제 남겨질지 모르는 상황에서 아이는 한 가지 방어전략을 짜낸다. 그것은 최악의 사태를 생각하는 것이다. 그렇게 해두면 그보다 더 심한 일은 일어나지 않게 되니 말이다. 실제로는 어머니가 아무 일도 없었던 것처럼 돌아와줘서 해피엔딩으로 끝날 수 있다.

이런 아이는 나쁜 가능성만 생각하는 것이 몸에 밴다. 그렇게 함으로써 나쁜 일이 일어났을 때를 대비하고 면역력을 키우는 것이다. 이 경우 부정적인 사고와 염려증이 생긴다.

애착불안이 강한 유형은 성인의 경우 '불안형'이나 '구속형'이라 하는데, 유아는 '저항/양가형'에 해당한다. 저항/양가형이란 자신을 두고 사라졌던 어머니가 돌아왔을 때 아이가 어머니에게 자연스럽게 어리광을 부리지 않고, 거부하거나 화를 내면서 안기려 하지 않는 데서 붙은 명칭이다.

양가형 애착은 속마음과는 반대로 거부하거나 공격하는, 심술꾸러기 같은 반응이 특징이다. 가장 의존하고 애정받기 원하는 상대를 일부러 거부하고 상처주어 힘들게 한다. 이런 양가형 애착은 성인이 되어도 남아 있는 경우가 많다. 가장 의지하는 상대를 뜻대로 할 수 없을 때 질책하고 비난한다. 그러나 그런 반응은 더 사랑해달라는 본래의 의도와는 달리 관계를 깨뜨려버린다.

양가형 애착 유형은 전부가 아니면 전무라는 이분법적인 인지와도 관련이 있다. 이런 사람들은 사실은 그렇게까지 나쁘게 생각하지 않는데도 상대를 완전히 부정하는 말을 해서 관계를 끝내버리는 경우도 많다.

왜 미리 얘기 안 했어?

48명의 여성을 대상으로 갑작스럽게 소음을 들려주고 이때의 혈중 코르티솔 변화를 조사한 연구에 의하면, 애착불안이 강한 여성일수록 코르티솔 수치가 높았다. 이것은 애착불안이 큰 사람일수록 돌발 상황을 스트레스로 느낀다는 것을 보여준다.

자폐스펙트럼장애는 감각과민과 함께 예상치 못한 일에 쉽게 혼란스러워지는 것이 특징이다. 그런데 애착불안이라는 전혀 다른 요인에 의해서도 돌발 상황이나 자신이 통제하지 못하는 상황에 심한 스트레스를 받는다.

이것은 일상생활에서도 중요한 의미를 갖는다. 애착불안이 큰 사람과 잘 지내려면 미리 알려주는 것이 중요하기 때문이다. 저녁식사를 준비해놓고 기다리는데 상대방이 회의가 길어져 늦으면 생각 이상으로 스트레스를 받는다. 이런 유형의 사람에게는 갑작스러운 일로 여기지 않도록 미리 연락해주는 것이 매우 중요하다.

깜짝 선물로 기쁘게 해주려는 시도 역시 바람직하지 않다.

깜짝 선물을 받으면 놀라 감동할 거라는 생각은 주는 사람의 바람일 뿐이다. 이런 유형의 사람을 기쁘게 하려면 기습적인 방식보다는 선물을 미리 의논해서 본인이 좋은 것을 고르게 해야 진심으로 만족할 가능성이 높다.

D와 K는 연애를 하다 결혼했는데 최근 몇 년 사이에 부부 관계가 어색해졌다. D는 아내 K에게 염려증이 있어서 무슨 말만 하면 과잉반응하기 때문에 걱정거리가 있어도 말하지 않는다. D는 쌓인 스트레스를 인터넷 카지노에서 풀게 되었다. 그런데 그것을 K가 알게 되면서 D를 공연히 의심하게 되었고, D가 무슨 말을 하면 꼬치꼬치 캐물어서 D는 더욱 말을 하지 않게 되었다.

애착 유형으로 말하면 D는 전형적인 회피형, K는 전형적인 불안형이다. 계속 그렇게 가다가는 관계가 끝나버릴 것 같은 위기감을 느낀 D는 퇴근해 집에 돌아가기 전에 반드시 K에게 문자 메시지를 보내기로 했다. 사소한 것이지만 둘의 관계는 훨씬 좋아졌다. K는 언제 들어올지 모를 D를 기다리는 것만으로도 스트레스를 받아왔던 것이다. 이제는 도착 시간을 가늠할 수 있어 식사 등의 준비를 하기 쉬워졌고 그런 배려를 해주는 남편을 조금씩 신뢰하게 되었다.

예민한 사람의 뇌가 반응하는 법

최근 주목받고 있는 연구는 애착의 안정 여부에 따라 전전두엽(전두엽 중에서 가장 앞쪽에 위치하는 영역)의 좌우 활동에 차이가 생긴다는 것이다. 이 현상이 최초로 보고된 것은 1989년으로, 만 1세 유아의 뇌파를 조사한 결과 우전전두엽이 활발하게 활동하는 아이가 좌전전두엽이 활발한 아이보다 어머니와 떨어졌을 때 심하게 울었다.

모자 분리 때의 격한 반응은 양가형(성인의 불안형에 해당) 아이의 특징이므로, 이 결과는 양가형 아이에게서는 우전전두엽 활동이 과잉경향을 보인다는 것이 된다. 그 후 많은 연구에 의해 이 발견은 검증되었고 사실로 밝혀졌다. 또한 불안정한 애착, 그중에서도 애착불안이 강한 사람은 우전전두엽의 활동이 높았다. 그에 비해 회피형인 아이나 성인은 좌전전두엽의 활동이 활발하다. 좌전전두엽은 이성적인 제어에 관여하므로 정서반응을 억제하려는 결과라고 해석된다.

좀 더 알기 쉽게 말하면 어머니와 떨어지는 슬픈 상황에서 애착불안이 강한 양가형 아이나 불안형 어른의 경우는 격하게 울며 따라가는 과잉 정서반응을 보인다. 그것은 우전전두엽의 과활동이라는 생리학적인 반응으로서 뇌파의 변화로 관찰할 수 있었다.

반면에 회피형인 아이나 어른은 슬픔과 울음 같은 정서반응을 억제하기 위해 이성 중추인 좌전전두엽의 활동이 활발해진다. 즉, 우전전두엽이 활발해지는 것은 감정의 소용돌이에 빠진 것이라 할 수 있다. 양가형이나 불안형인 사람은 스트레스, 특히 애착을 위협받는 스트레스에 감정적이 된다. 그에 비해 좌전전두엽 활동이 높은 사람은 감정을 억제함으로써 정서 혼란에 빠지는 것을 막는다.

그럼 안정형인 아이나 성인의 경우는 어떤 반응을 나타낼까. 사실 좌전전두엽과 우전전두엽의 활동에 현저한 치우침은 없지만 좌전전두엽의 활동이 약간 활발해지는 경향을 보였다. 정서적인 반응을 억제하지 않고, 그렇다고 해서 감정의 소용돌이에 빠지지도 않는, 어느 정도 슬픔과 고통은 느끼지만 이성의 힘으로 적당히 억제하는 균형감이 특징이다.

제삼자의 입장에서 보면 회피형인 사람이 가장 이성적이고 스트레스나 슬픔을 잘 이겨낸다고 생각될 것이다. 그러나 혈중 스트레스 호르몬 증가라는 생리학적 반응을 보면, 사실은 안정형보다 회피형이 더 스트레스를 받았다. 본인이 그것을 무시하고 아닌 척하는 것뿐이다. 회피형인 사람에게 심신증(심리적인 원인으로 신체에 일어나는 병적인 증상)이나 공황장애가 많은 것은 남들에게 냉정하게 보여서 자신의 예민하다는 것을 필사적으로 안 들키려 하기 때문이다.

그런 방어구조는 다음과 같은 실험으로 증명되었다. 건강한 어머니를 둔 아이와 우울증에 걸린 어머니를 둔 아이를 대상으로 어머니가 방에서 나가려고 문 쪽으로 갔을 때의 뇌파반응을 비교했다. 어머니가 건강한 아이는 우전전두엽의 활동이 활발해져서 정서반응이 높아진 반면, 우울증 어머니를 둔 아이는 좌전전두엽의 활동이 활발해졌다. 우울증 어머니를 둔 아이도 똑같이 슬프지만 그것을 씩씩하게 견뎌내려 하는 것이다.

9개월 된 젖먹이를 대상으로 한 연구에 의하면 과잉행동과 슬픔, 화 같은 부정적인 감정을 격하게 보이는 아이일수록 우전전두엽의 활동이 항진하기 쉬웠다. 좌전전두엽에 의한 제어가 약하고, 그래서 감정이나 행동을 통제할 수 없는 것이다. 그런 아이는 새로운 장소나 낯선 어른에게 가는 일에도 소극적이어서 어머니에게 달라붙어 있는 시간이 많았다.

다른 연구결과에서는 우전전두엽 활동의 항진은 나쁜 감정에 잘 빠지고 외부 세계나 타인을 두려워해서 안전기지가 되는 존재에 달라붙어 있으려 한다는 것을 알았다. 그것은 양가형과 불안형인 사람에게서 보이는, 의존과 공격(분노와 불만)이라는 양가적인 불균형이다.

애착불안과 함께 심리사회적 예민함을 높이는 요인이 되어 삶의 고달픔과 행복도를 좌우하는 것이 마음의 상처다. 사람은 트라우마를 겪고 나면 쉽게 상처받고 상처도 오래간다. 트라우마와 관련 있는 장면이나 인물, 사건에 민감해지는 것도 물론이다. 그 외의 무관한 것에도 민감해져서 사소한 말에 상처 입고, 일이 뜻대로 안 되면 침울해진다. 또 신경이 예민해지기 때문에 과각성 상태가 되어 잠을 깊게 못 자고 작은 소리나 기척에도 깬다.

또 하나 특징적인 증상으로, 상처받았던 장면이 갑자기 되살아나서 불쑥불쑥 머릿속에 침입한다. 이 증상을 플래시백 또는 침입증상이라고 한다. 플래시백이 일어나면 전혀 다른 시공으로 미끄러져 들어가듯이 불쾌했던 순간으로 돌아간다. 동시에 그 순간의 공포와 슬픔, 분노, 수치가 생생하게 되살아나서 심하게 좌절하기도 한다. 그런 장면을 반복해서 보는 경우도 있다. 악몽이 계속될 때는 트라우마가 된 것이라고 생각할 수 있다.

그나마 꿈에 나온다는 것은 아직 건전한 상태라는 뜻이다. 꿈은 마음의 정화장치이기 때문이다. 완전히 정화되지 않아 악몽이 되는 것인데, 여러 번 악몽을 꿈으로써 그 아픔을 극복해보려는 것이다. 자신의 무의식도 싸우고 있다고 긍정적으로 여기는 자세가 필요하다.

사고로 남편을 잃은 한 여성은 10년이 지나도 TV 뉴스를 보지 못한다. 직접 관계없다는 것을 알면서도 사고 소식을 듣는 것이 무서워서 뉴스가 시작되면 허겁지겁 채널을 돌리거나 아예 꺼버린다. 한 젊은이는 겉보기엔 멀쩡한데도 구직 활동을 하지 못했다. 수년 전 한 회사의 면접에서 면접관으로부터 짓궂은 질문을 받아 마음에 상처를 입었기 때문이다. 이후 도저히 면접을 볼 수 없게 되었다. 트라우마를 치료하고 나서야 겨우 구직 활동을 시작할 수 있었다.

학교에 가지 않는 아이들에게서는 종종 학교 공포증이라는, 학교에 대한 트라우마 증상을 볼 수 있다. 다른 면에서는 이상이 없는데 학교에 가려고만 하면 발이 떨어지지 않는다. 개선하기 위해서는 트라우마에 대한 치료가 필요하다. 학교에 다닐 때는 힘들어했지만 사회에 나와 활기차게 일하는 예도 있다. 트라우마가 된 것에 얽매이지 말고 다른 가능성을 찾는 것이 현명한 방법일 수도 있다.

앞에서 열거한 과각성이나 신경의 예민함, 마음의 취약성에 더해 플래시백이나 회피 증상을 보이는 경우는 PTSD(외상 후 스트레스 장애)가 의심된다. 그러나 이 중 일부 증상만 보일 경우에도 정도의 차이는 있지만 마음의 상처가 있다고 추측된다.

예민함 내려놓기

생명의 위협과도 같은 애착 상처

정신의학 지식을 갖고 있는 사람은 트라우마라고 하면 PTSD를 떠올린다. PTSD는 심한 폭력이나 참담한 사고, 재해, 전쟁 같은 자신의 목숨이 위협당하는 차원의 비일상적인 사건에 의한 장애다.

그러나 일상에서도 트라우마가 생겨서 오랫동안 삶에 제약과 지장을 받는 경우도 적지 않다. 그 대표적인 것이 부모의 학대나 부정적인 말과 행동, 부모의 이혼, 배우자나 자녀와의 이별, 가족과의 사별, 유산, 실연 등이다. 이것들은 목숨과 직결되지는 않지만 때로 그 이상의 영향을 오랫동안 끼친다. 왜일까. 그것은 이런 일들이 애착을 위협하고 파괴하기 때문이다.

특히 아이에게 부모와의 애착은 생존의 토대이다. 부모와의 애착이 위협당하고 손상되는 것은 목숨이 위협당하는 일 못지않다. 학대받아 애착장애가 생긴 아이는 면역력이 떨어지고 성장도 멈출 수 있다. 스트레스 호르몬과 자율신경의 반응을 조사하면 그다지 스트레스가 없는 평상시에도 항진하고, 스트레스를 받으면 과잉으로 반응한다. 어린 몸과 마음에 그런 짐이 계속 얹어지는 것이다. 그것이 얼마나 심각한 문제일지는 충분히 상상이 간다.

신체 차원에서의 안전을 위협하는 체험에는 PTSD라는 어엿한 진단명이 있는데, 마음 안정의 토대라 할 애착을 위협하는 체험에 대해서는 진단명조차 없는 것이 정신의학의 현주소이다. 그러나 최근 PTSD의 적용범위가 넓어지면서 애착장애로 인식되는 예가 늘고 있다. 단, 애착장애가 진단명인 경우는 여전히 드물고 어른에게 적용되는 예는 더욱 드물지만, 병의 상태를 이해하기 위해서 '애착장애'를 사용하는 경우가 많아졌다.

애착장애는 원래 학대를 받거나 부모에게 버림받은 아이에게 쓰이는 용어였다. 실제로는 어른이 되어도 그 상처가 남아 있는 예가 많은데, 어른의 경우 그럴 때 '미해결형 애착 유형'이라는 용어를 쓴다. 장애나 질병으로 다루지 않고 애착 유형의 하나로 생각하는 것이다.

미해결형 애착 유형은 여러 정신질환과 신체질환에 걸리기 쉬운데, 상처를 안고 있으면서도 겉으로는 문제없이 사회생활을 하는 사람도 많다. 단, 미해결형은 애착의 상처에 관련된 부분에 이야기가 미치기만 해도 평정심을 잃고 동요하거나 불안한 모습을 보이는 특징이 있다. 마음에 크레바스crevasse(깊게 갈라진 틈)를 안고 있는 상태이다.

미해결형 애착 유형은 친해지면 감춰져 있던 크레바스가 모습을 드러내 다른 면을 보인다. 사귀기 전까지는 유능하고 믿음직스럽고 안정되어 보였던 사람이 교제를 시작하면 갑자기 불안정해져서 한밤중에도 수시로 전화나 문자를 하고 점점 의존적이 된다. 그런가 하면 갑자기 모든 걸 거부하고 잠적하기도 한다. 헤어질 수 없다고 했다가 헤어지자 하고, 대체 무엇이 진심인지 알 수 없게 해 혼란에 빠뜨리고 결론도 나지 않는다.

불안형의 경우에도 누군가를 필요로 하면서도 질책하고 거부하기도 하는데 거기에 미해결형이 더해지면 사랑받고 싶은지 아닌지, 같이 있고 싶은지 헤어지고 싶은지 같은 근본적인 마음까지도 알 수 없게 된다. 대체 어떻게 하고 싶은지 본인에게 물어봐도 소용없다. 자신도 어떻게 해야 좋을지 모르고 자기도 모르게 그렇게 되는 것이기 때문이다.

무슨 일이 일어나고 있는지 모른 채 서로 지치고 정나미가 떨어져 헤어지게 되거나, 헤어지고 싶어도 헤어지지 못한 채 지내기도 한다. 결혼하면 안정될 것 같지만 따끈따끈한 신혼이 지나고 나면 다시 예전의 불안정함이 도진다. 결국 미해결인 애착의 상처 자체는 낫지 않았기 때문에 애정이 조금 식으면 부모처럼 연인도 자신을 버릴 거라고 생각한다. 그렇게 되면 삶이 허무해지고 모든 것이 무의미해진다.

친해지거나 관계에 금이 가는 것이 방아쇠가 되어 일상적인 스트레스까지 폭발하는 경우가 있다. 미해결인 마음의 상처가 터지면 평소의 밝음과 침착함을 잃고 혼란에 빠져 울분을 터뜨리고 감정적이 되어서 냉정히 대처하지 못한다.

이런 유형은 자기에게 일어난 고통스러운 일을 자신을 괴롭힌다거나 자신만 심한 처사를 당한다고 받아들인다. 즉, 단순한 업무상의 지적이나 지시를 애착관계에서 상처받은 상황과 일치시킨다. 그 결과 상사의 단순한 주의나 지시도 안정을 뒤흔드는 심각한 것으로 받아들인다. 업무량이 많아서 힘든 것인데 자신이 무능해서 이런 처사를 당한다고 과장한다. 그 결과 똑같은 상황에서도 다른 사람보다 훨씬 더 힘들어한다.

클리닉에서 실시한 조사에서도 마음의 상처와 애착불안을 합한 심리사회적 예민함은 망상경향과 상관을 보였고 상관계수는 0.67이었다. 애착불안과 마음의 상처를 안고 있는 사람의 경우는 망상적으로 상황을 받아들인다.

미해결형인 사람은 인생 자체가 어디를 향해 가는지 몰라서 갈팡질팡하기도 한다. 밖에서는 그럭저럭 지내 문제가 없는 것처럼 보이지만 그 사람을 자세히 들여다보면 무질서하고 혼란스럽다. 또 상처나 허무감을 달래기 위해 의존적인 행동에 빠지기도 하는데 알코올이나 스마트폰, 쇼핑, 식탐, 성적행위, 도박에 의존한다. 거기서 벗어나기 위해서는 미해결 문제와 마주해, 더 이상 인생이 좀먹지 않도록 치료해야 한다. 그렇게 하려면 우선 문제를 자각하고 인생을 바꾸려는 결심을 해야 한다.

　예민함 내려놓기

6

몸이 먼저 예민함을 느낄 때

예민함이 견딜 수 없이 심해지면

예민함이 어느 한계를 넘어서면 단순한 긴장이나 불안을 넘어 질병과 정신이상이 나타난다. 정상 반응의 영역을 넘어 병리적 현상이 되는 것이다. 크게 몸의 증상으로 나타나는 사람과 정신이상을 겪는 사람으로 나눌 수 있다. 물론 둘 다인 경우도 있다.

앞서 언급했듯이 나쓰메 소세키는 《도련님》이나 《나는 고양이로소이다》 등의 작품에서 보여준 소탈한 유머와는 반대로 예민하고 까다로운 사람이었다. 오랫동안 위궤양으로 고생했는데, 첫 번째 토혈 때는 간신히 살아났지만 두 번째에는 영영 돌아오지 못하고 말았다.

그는 런던 유학 중에 환각과 망상에 시달렸고 그런 그의 모습에 놀란 사람이 '나쓰메 미치다'라고 전보를 쳤을 정도다. 귀국 후에도 피해망상이 사라지지 않아서 터무니없는 이유로 아이에게 호통을 치곤 했다. 자신을 업신여긴다고 생각했기 때문이다. 소세키의 망상이 잠잠해진 것은 위궤양이 시작되면서부터인데, 정신의 병이 몸의 병으로 바뀐 것이다. 실제로 몸이 병에 걸리면 정신적 증상이 나아지는 예도 있다. 몸이 약해지면 무리하지 않고 정신적 안정을 취하려 하기 때문인지도 모른다.

그런 의미에서 스트레스가 몸에 병을 가져오는 신체화는 주의하라는 경고인 동시에 최악의 사태를 막기 위한 방어책이다. 단, 5장에서 언급했듯이 신체화하기 쉬운 경향과 망상이 되기 쉬운 경향은 양의 상관관계를 보이고 상관계수는 0.55로 높은 편이었다. 가혹하게도 예민한 사람은 신체화도 망상경향도 다 나타나기 쉬웠다.

이번 장에서는 예민함에 동반되는 병리현상 중에서도 아이는 물론 성인에게도 심각한 문제인 신체화에 대해서 자세히 알아보자.

마음이 힘들면 몸도 아픈 이유

감각의 민감성은 뇌 차원의 문제다. 그런데 예민해져 있는 상태에다 스트레스와 압박까지 받으면 몸에 이상이 생긴다. 몸의 조절을 맡고 있는 자율신경에 이상이 생기기 때문이다. 이렇게 해서 중추신경 차원의 예민함이 신체 증상으로 나타나기 시작

예민함 내려놓기

한다. 이것을 신체화라고 한다.

　신체화에도 크게 2가지가 있는데 실제로 몸이 병에 걸리는 것이 '심신증'이다. 위궤양, 고혈압, 당뇨병, 과민성장증후군, 메니에르 증후군(내이內耳의 질환, 귀울림이나 난청 같은 장애와 현기증 등을 일으키는 질환) 같은 병에 걸린다. 그와 반대로 증상은 있지만 아무리 검사해도 질병이 발견되지 않는 것이 '신체형장애somatoform disorders'와 '통증장애pain disorder'다. 주의해야 할 것은 이것이 절대 꾀병이 아니라는 것이다. 너무 아프고 괴로워 진짜 병보다 고통이 덜하지 않다.

과민성장증후군

신체화로 인한 증상으로는 두통과 어지럼증, 복통, 설사, 구역질, 빈뇨 등이 있다. 그중에서도 아이와 어른 모두에게 흔한 증상이 복통과 설사가 일어나는 '과민성장증후군'이다. 과민성장증후군인 사람들은 갑작스러운 복통, 설사나 변비, 배에 가스가 차는 등의 증상을 겪는다.

　과민성장증후군에 걸린 사람은 출퇴근과 통학, 회의와 수업, 출장이나 고객 상담, 일상적인 산책과 쇼핑도 마음 놓고 할수가 없다. 도중에 빠져나가기 어려운 상황에 놓이는 그 자체가 스트레스다. 갑자기 변의를 느끼지 않을까, 배가 아프지 않을까 조마조마한 상태로 생활한다. 낯선 장소에 갈 때 가장 먼저 확인하는 것이 화장실이다. 화장실을 쉽게 쓸 수 없는 곳에 가는 것은 피한다. 도대체 장은 왜 예민해지는 걸까.

유전 요인은 의외로 낮다

노르웨이에서 이루어진 쌍둥이 1만 2700쌍을 대상으로 한 조사에 의하면, 일란성 쌍둥이에서 과민성장증후군의 일치율(양쪽 모두 과민성장증후군인 쌍의 확률)은 22.4%였고 이란성 쌍둥이의 일치율은 9.1%였다. 이 연구결과로부터 산출된 유전율(유전자 차원의 요인이 발병에 기여하는 비율)은 성별과 연령층에 관계없이 약 25%였다.

유전율 치고는 낮다고 할 수 있다. 즉, 그만큼 환경 요인이 큰 것이다. 예를 들어 비만도를 나타내는 체질량지수Body Mass Index는 유전율이 78%로 보고되어 있다. 80% 가까이 유전자에 의해 정해진다는 것이다. 다이어트를 해도 곧 원래 상태로 돌아가는 것도 이해가 간다. 자신의 유전자에 거스르는 것이기 때문이다. 그와 비교하면 과민성장증후군의 유전 요인은 낮고 따라서 극복하는 것도 어렵지 않다.

이 연구에서 밝혀진 또 하나의 사실이 있는데, 저체중으로 태어난 사람은 과민성장증후군이 되기 쉽다는 것이었다. 2.5kg

예민함 내려놓기

미만의 미숙아로 태어나면 위험률이 점차 높아지고, 1.5kg 미만은 위험률이 2.4배가 되며, 증상이 나타나는 시기도 저체중이 아닌 사람보다 약 8년 가까이 빨랐다. 저체중으로 태어나면 예민해지기 쉽다. 늦은 결혼과 고령출산으로 저체중으로 태어나는 아이가 늘고 있다. 따라서 예민한 사람이 많아질 확률도 점점 높아질 것이다.

어릴 적 환경도 원인이 된다

과민성장증후군인 사람들은 몸의 감각과 통증의 지각이 항진했고 심리적·사회적 스트레스를 받으면 더욱 심해졌다. 휴일에는 배가 아프지 않다가도 학교에 가거나 출근하려고 하면 아파진다.

스트레스와 불안이 증상을 악화시키는데, 특히 예상치 못한 스트레스가 덮쳤을 때 악영향이 컸다. 과민성장증후군은 스트레스 호르몬의 분비가 늘고 또 만성적인 예민함을 보였다.

그럼 왜 그렇게 예민해졌을까. 우선 어릴 때 받은 마음의 상처와 관련 있다. 학대받으며 자란 사람들에게서는 높은 비율로 과민성장증후군이 나타난다는 것이 그 근거이다. 동물을 대상으로 한 실험에서, 어미로부터 단시간 떼어놓거나, 전기충격을 가하거나, 강한 냄새를 맡게 하는 등의 불쾌한 자극을 주면 몸이 예민해져 장관의 기능에 이상이 생기기 쉬웠다. 특히 예상하지 못한 충격일수록 예민함이 더욱 심해졌다.

신체화의 2가지 유형

신체화하기 쉬운 사람은 크게 2가지 유형이 있다. 먼저 참을성이 커서 절대 약한 소리를 하지 않는 유형이다. 힘들어도 억누르고 드러내지 않는다. 회피형 사람에게 이런 경향이 많은데 스스로 스트레스나 고통을 자각하지 못하는 경우도 많다. 그러나 몸은 정직하다. 한계를 넘으면 몸이 먼저 비명을 지른다.

N은 산부인과 병원 접수창구에서 일하는 20대 후반의 여성이다. 위가 아파서 내과에서 약을 처방받아 먹었는데 전혀 낫질 않았다. 검사를 해도 가벼운 위염이라고만 할 뿐이었다. 처음에는 업무가 끝날 무렵에 아프기 시작했는데 후에는 업무 중에도 통증을 느꼈다. 의사가 그때 상황을 묻자 그제야 N은 대하기 어려운 환자가 많을 때 위통이 시작된다는 것을 알았다. 의사로부터 이것저것 질문을 받기 전까지 N은 위통과 일이 관계있다는 것을 전혀 생각하지 못했다. N은 말수가 적고 인내심이 커 어지간해서는 불평하거나 속마음을 털어놓지 않는 편이었다. 그러다 결국 쌓이기만 하는 스트레스에 몸이 비명을 지르기 시작한 것이다.

예민함 내려놓기

신체화가 나타나기 쉬운 사람의 공통 경향 하나는 저등록, 그중에서도 주의배분이 어렵다는 것이다. 즉 자신이 신경 쓰는 것에 집중하느라 다른 것에는 둔감해진다. 자신의 기분에 둔감해 감정을 잘 느끼지 못하는 상태를 감정표현불능증alexithymia이라고 하는데, 이런 경우 스트레스를 드러내거나 풀지 못해 몸에 이상이 나타난다. 신체화하기 쉬운 사람들은 자신의 기분을 말로 표현하려고 노력해야 한다.

신체화하기 쉬운 또 다른 유형은 정반대의 경향을 나타낸다. 조금이라도 스트레스를 받으면 몸이 민감하게 반응해서 때로는 과장되게 아파하는데, 이전에 '히스테리'라 불렸던 증상에 가깝다. 표현과 행동이 과장된, 최근에는 '연기성 성격장애histrionic personality disorder'라 불리는 유형에 해당한다.

이 유형은 증상으로 스트레스나 갈등을 표현하므로 주위의 관심과 애착을 얻으려는 역동力動(프로이트 정신분석학 용어. 개인이 갖는 심리적 힘과 그것이 겉으로 드러난 양상)이 작용한다. 어떤 의미에서 신체화는 주변의 애정과 관심을 받기 위한 수단이다. 몸이 아프다며 어리광을 부려 마음의 균형을 잡는 것이다.

따라서 스트레스가 몸의 증상으로 나타나는 경우에도 그 유형을 구분할 필요가 있다. 전자는 심신증이 중심이고 후자는 신체형장애가 전형적이다. 전자의 경우 병세가 악화되기 쉬워서 내과적인 치료도 필요하다. 후자의 경우는 몸의 문제보다 마음의 문제가 커서 약보다는 애정과 보살핌, 관심이 필요하다.

천식의 주 원인은 스트레스

'신체화'와 감각 프로파일의 4가지 항목과 예민함 프로파일의 나머지 7가지 항목 간의 관계를 보면 가장 강한 상관을 보인 것은 감각과민도 저등록도 감각회피도 아닌 애착불안이었다(상관계수 0.59). 이것은 앞서 언급한 두 번째 유형, 즉 몸의 증상으로 스트레스와 불안을 표현해 관심과 돌봄을 얻으려는 사람이 신체화하기 쉬운 사람 중에 일정한 비율을 차지하고 있음을 보여준다. 신체화라는 수단으로 애정을 얻을 수 있다는 것을 어릴 때 습득했을지도 모른다.

　동생이 생기면 큰아이가 천식 등 병에 잘 걸린다는 옛 어른들 말씀은 사실 근거 있는 말이다. 놀란 부모가 큰아이에게만 신경을 쓸 경우 어릴 때는 똑똑하고 참을성 많던 작은아이가 사춘기가 되면 학교에 가지 않고 문제를 일으키기도 한다. 어머니의 애정을 둘러싼 형제간의 줄다리기는 치열해서 병에 걸려서라도 얻고 싶어 한다.

　기관지 천식은 알레르기 질환인데 옛날부터 스트레스와 관계있다는 것을 경험적으로 알고 있었다. 그것이 '비과학적인 속설'로 부정당했던 시대도 있었지만, 최근 스트레스 요인이 재인식되고 있다.

사회의 급격한 양극화로 중산층이 무너지면서 경제적으로 어려운 사람들이 많아졌는데 빈곤층에서 천식 이환율罹患率(병에 걸리는 사람의 비율)이 높다는 사실이 보고되었다. 특히 양극화가 심한 미국에서는 인구비로는 설명할 수 없는 높은 비율로 가난한 계층의 천식 환자가 늘고 있다.

그 요인을 조사하는 과정에서 트라우마와 심한 스트레스를 경험한 어린이나 성인에게서 천식 이환율이 높다는 사실이 밝혀졌다. 학대 경험뿐 아니라 생후 수개월쯤에 부모가 힘든 일을 겪었으면 6~8년 후에 천식이 발병할 위험이 높았다. 물론 흡연과 대기오염 같은 환경도 영향이 있겠지만 이들 영향을 배제해도 트라우마와 스트레스를 겪으면 발병 위험이 높아졌다.

부모의 애정이 건강한 아이를 만든다

미국 하버드 대학교 학생들을 대상으로 자랄 때 부모에게서 얼마나 깊은 애정을 받았는지 조사한 다음, 35년 후 50대가 된 졸업생의 건강 상태를 알아본 연구가 있다. 부모의 애정이 적었다고 평가한 사람들은 관상동맥질환(협심증과 심근경색), 고혈압, 십이지장궤양, 알코올 의존증에 걸린 비율이 유의미하게 높았다.

어머니와 아버지 모두를 낮게 평가했던 사람 중 87%가 질병이 있었던 데 비해 양쪽 모두를 높게 평가한 사람들은 병에 걸린 비율이 25%에 그쳤다. 이것은 어린 시절 부모로부터 받은 양육의 질, 보다 정확히는 부모로부터 받은 양육을 그 아이가 어떻게 평가하느냐가 이후의 건강상태를 크게 좌우하고 중년이 되면 현저한 차이를 만들어냄을 보여준다.

부모로부터 받은 양육을 어떻게 평가하는가에 따라 부모와 안정된 애착을 형성했는지 그렇지 않은지를 감별할 수 있다. 즉, 이 조사 결과는 부모와의 안정된 애착이 중년기의 건강에까지 영향을 미친다고 해석할 수 있다.

클리닉에서 실시한 조사에서도 부모나 파트너와의 관계가 안정적이어서 마음의 의지처가 되어준다고 대답한 사람은 신체화 경향이 낮았고 상관계수는 −0.37이었다. 이것은 부정적 인지 경향과의 상관계수 0.19과 비교하면 훨씬 강하다. 거꾸로 말하면 긍정적인 인지도 신체화를 막기는 어렵고 오히려 무리를 하게 해서 몸에 병을 불러오는 면도 있다. 오히려 우리를 병으로부터 지켜주는 것은 가족의 애정과 보살핌, 곤경에 처했을 때 도움을 요청할 수 있는 존재이다.

예민한 사람이 살아가는 방법

원치 않는 자극에 대처하는 3가지 원칙

신경학적 역치가 낮아서 사소한 자극에도 불쾌해하고 흥분이 오래가는 사람은 어떻게 대처해야 할까. 이번 장에서는 예민함 뿐 아니라 그것으로 생기기 쉬운 저등록 등의 특성에 어떻게 대응할지에 대해서 알아보자.

예민함이 문제가 되는 것은 의미 없는 소음이나 잡념에 주의를 빼앗겨 중요한 것에 집중하지 못하게 하기 때문이다. 예민해도 하고 싶은 것을 하는 데 방해가 되지 않으면 큰 문제는 없다. 오히려 섬세함과 예리함을 활용할 수 있어서 도움이 된다.

1. 자극량을 줄인다

예민함의 이점을 살리는 데 가장 중요한 원칙은 자극량을 줄이는 것이다. 불필요한 자극이 있으면 역치를 넘어버려 중요한 것에 집중하지 못하고 쉽게 지친다. 그렇게 안 되려면 가능한 한 불필요한 자극에 노출되지 말아야 한다.

음악이나 TV를 틀어놓지 말고 지금 하는 일 이외의 것은 책상 위에 두지 않는다. 방 창문에도 커튼을 쳐서 지나치게 밝지 않게 조절한다. 소리에 민감한 사람은 주변 소음을 줄여주는 '노이즈 캔슬링noise-cancelling' 기능이 있는 이어폰을 사용하거나 창문에 이중창을 단다. 방의 조명이나 물건은 단순하게 하고 여분의 것들은 수납장 안에 넣어둔다. 조용하고 산뜻한 공간은 집중에 도움이 된다.

신경 쓰이는 일을 할 때도 오래 하는 것을 피하고 자주 휴식을 취해 자극이 역치를 넘지 않게끔 한다. 모니터 화면을 보는 시간이나 SNS, 인터넷 메신저 등에 쓰는 시간을 줄이는 것도 정보가 과해지는 것을 막아 신경이 피로해지고 예민해지지 않도록 도와준다.

또 이런 유형의 사람과 같이 지낼 때는 말수를 줄이고 침묵의 시간을 갖는 것이 중요하다. 상대가 입을 잘 떼지 않는 경우에도 일단 말할 때까지 기다린다. 기다리다 지쳐서 당신이 먼저 떠들기 시작하면 상대의 신경은 당신의 말로 포화상태가 되어 생각을 할 수 없고, 자신의 생각이나 기분을 표현하지 못하게 된다. 그런데 종종 실컷 수다를 떨고 왜 아무 말도 하지 않느냐고 상대를 질책할 때가 있다. 상대방은 당신의 수다로 이미 처리능력의 한계를 넘어버린 상태다.

자극은 외부에서만 가해지는 것이 아니라 머릿속에서도 만들어진다. 여러 걱정거리나 과제, 마감이 정해진 일이 있으면 그것이 잡념이 되기 쉽다. 해결 안 된 문제나 불만을 오래 끌면 거기서 생기는 분노와 짜증이 마음을 힘들게 한다.

아무리 외부의 자극을 차단해도 마음속에서 솟아오르는 자극은 막을 수 없다. 마음의 상처가 사람을 예민하게 만드는 것은 마음 깊은 곳에서 불쾌한 자극이 막을 사이도 없이 생겨나기 때문이다.

따라서 내면으로부터의 자극을 줄이는 것이 중요하다. 그럼 어떻게 해야 걱정이나 잡념을 줄일 수 있을까. 이때 도움이 되는 것이 머리로 생각하는 것을 멈추고 글로 쓰는 방법이다. 머리로 생각만 하면 사고나 감정은 겉돌기 쉽다.

걱정거리나 꼭 해야 하는 일이 떠오른다고 하자. 그런 경우 막연히 그것을 머릿속으로 생각만 하면 구체적으로 잡히질 않는다. 메모장이든 수첩이든 애플리케이션이든 상관없으니까 일단 거기에 생각난 것들을 적는다. 그리고 그것에 대한 대책과 계획을 쓴다.

문제에 따라서는 아무것도 할 수 없거나 대책이 없는 경우도 있다. 생각해봤자 아무 효과도 없는 경우도 있다. 그런 때는 '현재 할 수 있는 것 없음. 상황을 보기로 함' 혹은 '생각해도 마찬가지. 마음 쓰지 않음'이라고 적는다. '방치'나 '생각하지 말기' 등으로, 자신을 설득하기 좋은 말을 써도 된다. 마음의 상처에도 이 방법은 통한다. 상처도 글로 써서 기록으로 남긴다고 생각하면 그 장면이 계속 떠오르는 것을 막을 수 있다.

사실 모든 것을 받아주는 사람에게 털어놓는 것이 가장 좋지만, 그런 상대가 없는 경우에는 글로 씀으로써 인정받을 수 있다. 블로그 등에 글을 올려 공감받는 것으로 마음의 무게를 덜어내는 사람들이 많은데 좋은 방법이다.

업무 시작 전에 그날 해야 할 일을 적어 우선순위를 정하는 것도 좋다. 예민한 사람은 입력정보를 정리하는 데 약해서 중요하지 않은 일에 먼저 손을 대고, 거기에 붙잡혀서 정작 중요한 일은 끝내지 못하는 경우가 많다. 글로 정리하는 것은 주위의 자극에 인생이 갈팡질팡하지 않도록 하는 좋은 방법이다.

2. 자극을 루틴으로 만든다

두 번째 원칙은 생활을 구조화해서 예측 가능하도록 정리하고 그것을 습관화하는 것이다. 예민한 사람은 똑같은 자극이라도 돌발적이고 예상하지 못한 일일수록 더욱 불쾌해한다. 예측이 가능하면 똑같은 일이 일어나도 그 고통은 절반으로 줄어든다.

또 그것이 매일의 습관이 되면 자극보다는 루틴routine(어떤 일을 하는 데 거치는 과정. 주로 운동선수들에게는 경기 전에 자신이 꼭 하는 행동이나 의식)이 되어 안도감을 준다. 과제를 할 경우에도 시간과 순서를 정해서 정해진 의식처럼 실행한다.

예민함 내려놓기

이런 유형의 사람과 사귀는 경우 상대를 놀라게 하는 일은 피해야 한다. 일상적인 행동이나 대화를 하는 것이 상대를 안심시킨다. 대화를 재미있게 하려고 비꼬거나 지적하면 선뜻 대답하지 못해 당황한다. 그리고 대답할 수 없게 만든 상대의 발언을 위협이나 업신여김으로 받아들인다. 농담으로 '아직 질리지 않고 그 사람을 만나?'라는 말이라도 하면 평생 원망을 살 수 있다.

3. 한계를 넘지 않는다

세 번째 원칙은 자극이 역치를 넘을 것 같으면 바로 억제하는 것이다. 한계에 이르렀다는 작은 징후도 놓치지 않는다. 가장 흔한 징후로는 짜증, 피로, 집중력 저하가 있다. 이전까지 즐거웠던 일이 즐겁지 않거나 힘들게 느껴지는 것도 한계에 이르렀다는 신호이다. 극단적이고 비관적인 생각에 사로잡히거나 모든 걸 포기해버리는 것도 예민한 사람이 지나치게 애를 쓸 때 보이는 징후다.

몸 어딘가가 아프거나 구역질, 설사 같은 신체화나 자율신경 반응도 만성적으로 스트레스를 받고 있음을 알려준다. 급격하게 한계를 넘어버렸을 때 나타나는 것이 혼란과 공황장애다. 그럴 때는 일단 목표를 크게 낮춰 중압감에서 벗어나고 여유를 가져야 한다.

이런 점들을 생각해보면 상대에게 무슨 일이 일어나고 있는지 좀 더 알아채기 쉬워진다. 상대방의 상태를 알고 나면 다르게 보일 것이다. 상대가 짜증을 낸다고 질책하지 말고 스트레스가 한계에 이르러서 그렇다고, 너무 버티며 노력하다가 지쳐버린 것이라고 받아들인다면 서로 침착해진다.

반응을 주의 깊게 살피면 징후가 보인다. 그럴 때는 그대로 밀고 나가는 대신 멈춰 서는 것이 도움이 된다. 저항을 느끼면 일단 물러선다. 이것은 모든 일에 적용되는 경험지經驗知(경험을 통해 얻은 지식)다. 큰 실패를 하는 사람과 그렇지 않은 사람의 결정적인 차이가 이것이라 해도 과언이 아니다.

과부하의 징후가 느껴지면 일단 멈춰야 한다. 쉬면서 상태를 보거나 되돌아간다. 잘못되어도 그대로 밀어붙이려 해서는 안 된다. 작은 징후도 놓치지 않기 위해서는 조금씩 나아가는 것이 중요하다. 작은 스텝으로 서서히 부하를 늘려야 안전하고 결과가 좋다.

늘 예민하고 날카로웠던 사람이 휴일에 멍하니 있거나 하루 종일 빈둥거릴 때가 있다. 아무것도 하지 않고 멍하니 보내는 자신을 질책하거나 혹은 그런 가족에게 '하루 종일 빈둥거린다!'고 힐책할 수도 있다.

그러나 그것은 그 사람의 신경이 한계를 넘었기 때문이므로 질책할 일이 아니다. 오히려 예민한 사람에게는 머리를 비우고

예민함 내려놓기

멍하니 보내거나 빈둥거리는 시간이 필요하다. 그렇게 함으로써 신경에 부하가 걸리지 않도록 하는 것이다. 빈둥거리는 시간이 신경 소모를 막고 의욕과 활력을 유지하게 해준다.

약으로 저항력을 높이기

이들 대책은 결국 자극이 한계를 넘지 않도록 조절하는 것이다. 이 외에 다른 방법으로도 예민한 신경을 보호할 수 있다. 그중 하나가 방어기능barrier을 강화해서 자극과 스트레스에 대한 저항력을 높이는 것이다.

그것이 가능할까. 물론 가능하다. 특히 효과가 좋은 방법이 4가지나 있는데, 그중 하나는 약을 사용하는 방법이고 나머지 3가지는 심리적인 접근과 훈련을 통한 것이다. 심리적인 접근에 대해서는 다음 장에서 자세히 다루기로 하고 여기서는 약으로 예민함을 조절하는 방법을 알아보자.

약을 쓴다고 하면 거부감을 갖는 사람도 있는데 지나치게 예민한 경우에는 약도 중요한 수단이다. 오랫동안 방 안에만 틀어박혀 있던 사람이 약을 복용한 지 채 한 달도 안 돼 일을 시작한 예도 있다. 예민함이 심한 사람일수록 약의 효과가 좋다.

예민함을 줄여주는 약에도 몇 종류가 있다. 먼저 비정형 항

정신병약atypical antipsychotic이라 불리는 유형이다. 뇌의 신호전달을 맡는 신경전달물질 도파민이 수용체에 결합하는 것을 차단하여 과잉작용을 막는다. 원래 조현병 치료제로 개발된 약인데 적은 양을 쓰면 신경과민과 우울 상태를 개선할 수 있다.

두 번째는 흔히 SSRI라고 칭하는 선택적 세로토닌 재흡수 억제제로, 신경전달물질 세로토닌의 시냅스 간극에서의 농도를 높임으로써 전달을 원활하게 해 전전두엽과 해마의 활발한 활동을 돕는다. 또 편도체에도 작용해 불안과 공포를 줄여 스트레스 내성을 높인다.

예민함의 유형에 따라 효과는 다 다르다. 2가지를 병용해야 효과를 얻는 경우도 있다. 또 하나는 한약으로, 10여 종류의 한약이 예민함을 줄이는 데 효과가 있다. 그 사람의 체질에 맞으면 극적으로 좋아지기도 있다.

우울 증상만 보이는 단극성 우울증(조증이 없는 우울증)과 우울과 함께 기분이 고조되는 양극성 유형인 사람에게서는 심적 외상의 경험이 높은 빈도로 나타난다. 또 예민함에 정서불안, 감정변화, 때로는 해리(의식과 기억이 분리되는 증상)를 동반하는 경우 심적외상 경험과 미해결형 애착 존재를 추측할 수 있다. 이런 사람에게는 기분안정제가 도움이 된다.

때로는 도망치는 것도 도움이 된다

예민한 신경과 마음을 지키는 방법에는 또 하나 중요한 선택지가 있다. 그것은 불쾌한 자극과 스트레스를 피하는 것, 즉 회피다. 쉽게 상처받는 사람이 취하는 가장 일반적인 대처법은 스트레스를 받는 상황을 피하는 것이다. 일본의 전설적인 무사 미야모토 무사시도 승산이 없으면 주위 시선에 신경 쓰지 않고 도망쳤다고 한다. 《손자병법》에도 마지막 36번째 계책은 주위 상走爲上, 즉 도망가는 게 상책이라고 되어 있다.

상처받을 게 뻔한 상황을 피하는 것도 훌륭한 병법이다. 실제로 자극을 회피하는 경향은 수동적인 감각과민보다 사회적 응도나 행복도에서 음의 상관관계가 약해진다. 불쾌한 일을 참기보다 도망치는 것이 낫다는 증거이다.

회피전략에는 다음과 같은 것이 포함된다. 먼저 타인과 거리를 두어 친밀한 관계를 피하는 것이다. 거리를 둘수록 안전하므로 사람과의 접촉을 피하고 마지막에는 집 안에 은둔하는 것을 이상적으로 여긴다. 어쩔 수 없이 회사에 다녀도 속세를 떠나 은거하는 삶을 꿈꾸는 것은 회피를 원하기 때문이다.

회사를 그만두고 신슈(나가노 현의 다른 이름)나 홋카이도에서 펜션을 운영하거나 농장에서 일하는 삶을 동경하는 사람도 있다. 그러나 펜션 운영은 손님을 상대해야 해서 은거는 불가능하다. 농장이나 목장에 찾아오는 대부분의 젊은이들은 상상과 현실의 괴리에 충격을 받고 도시로 돌아간다. 온몸이 흙으로 더러워지고 사방에서 나는 가축 분뇨 냄새가 신경 쓰이면 일을 할 수 없다. 역시 자신의 방에 틀어박히는 것이 가장 편안하다. 최악의 사태를 피하는 데 이런 은둔이 도움이 되기도 한다.

회피전략의 또 다른 원칙은 도전을 피하는 것이다. 새로운 것, 어려운 것, 부담스러운 것, 실패할지도 모르는 것, 불쾌하고 위험한 것, 이 모두를 피하면 현상유지로 가는 수밖에 없다. 그래서 회피형인 사람들은 인생의 폭이 좁고 큰 변화가 없다. 새로운 것에 도전하지 않으면 능력을 펼칠 기회도 얻지 못하고 성장도 없다. 안타깝지만 회피형인 사람은 자기 실력을 제대로 펼치지 못하고 살 확률이 높다.

예민함과 회피경향은 크게 관련 있어서 감각과민과는 0.68 이라는 높은 상관관계를 보였다. 예민하면 어쩔 수 없이 사람과의 접촉, 새로운 도전을 싫어하는 경향이 있다. 그것은 몸을 지키기 위한 전략인데, 동시에 스스로를 구덩이에 묻어버리는 것이기도 하다.

회피전략의 유용한 면을 인정하면서도 어떻게 그것에서 벗어나느냐가 예민한 사람에게는 큰 과제이다. 이 점에 대해서는 뒤에서도 다루는데, 회피형에 대해 더 자세히 알아보고 싶은 사람은 졸저 《나는 왜 혼자가 편할까》나 《마지못해 혼자입니

예민함 내려놓기

표 14

	예민하지도 회피적이지도 않다	예민하지 않지만 회피적이다	예민하지만 회피적이지 않다	예민하고 회피적이다
행복도	2.00	2.25	1.41	1.25

다》를 참고하기 바란다.

회피에는 좋은 점도 있다. 문제에 직면하지 않음으로써 불행을 잊는 방어전략이라는 것이다. 이는 살아가는 데 중요한 전략이다.

실제로 예민함과 회피경향의 강약으로 4개의 그룹으로 나눠 행복도를 조사해보니 행복도가 가장 높았던 것은 예민하지 않지만 회피적인 그룹이었다(표 14. 4가 최고, 1이 최저로 평가). 예민한 동시에 회피적인 그룹이 행복도가 가장 낮았다.

행복도에서는 회피적인 것보다는 예민함이 중요한 결정인자인데, 예민하지 않은 사람들은 회피를 해 오히려 속 편하게 살려고 한다. 어떤 의미에서 그런 삶이 최근 새로운 표준이 되고 있는 것 같다.

한편 예민함으로 인한 회피는 악순환을 심화시키기도 한다. 무조건 회피하는 것이 아니라 회피해야 할 것과 도전해야 할 것의 균형을 찾는 것이 중요하다.

감각추구가 높은 사람을 위한 처방

감각과 신경이 예민한 사람은 반응 역치와 부하의 한계가 낮기 때문에 과부하되지 않도록 주의해야 한다. 반대로 감각추구가 높은 사람은 역치가 높고 신경 시스템이 안정되어 있기 때문에 필요한 자극량도 커서 쉽게 따분해지고 의욕과 활기가 떨어진다.

그러므로 감각추구가 높은 사람들은 새롭고 신기한 자극을 늘리려는 노력이 필요하다. 식사를 할 때도 새로운 식당에 가보거나 새로운 메뉴에 도전하는 것이 활기를 높여준다. 감각추구가 높은 사람은 향신료나 양념이 강한 음식을 선호한다. 자극을 줌으로써 마음의 균형을 유지하려는 것이다. 여행과 예술, 스포츠 등 비일상적인 자극을 정기적으로 받으면 더욱 활기차게 살 수 있다.

이런 사람들은 집안일과 육아, 판에 박힌 일상에 만족하지 못한다. 섹스도 매너리즘과 자극 저하를 쉽게 느껴 처음에는 열렬하게 사랑했어도 급격히 무관심해진다. 그러나 전혀 원하지 않는 것은 아니다. 익숙해진 파트너와는 자극이 부족해 의욕이 일지 않는 것이다. 새로운 만남과 기회가 있으면 위험한 불장난을 시작하는 경우도 있다. 그러나 그것이 그 사람에게는 활력을 되찾아주는 방법이 되기도 한다. 그런 위험한 상황에 빠지지 않으려면 부부끼리도 연애할 때처럼 데이트를 하거나 깜짝 선물을 하는 등 새로운 자극을 주도록 노력해야 한다. 또 감각추구가 높은 사람들은 감정 기복이 큰 편인데, 우쭐해져서 지나친 행동을 하지 않도록 조심해야 한다.

예민하면서도 둔감한 사람의 경우

예민한 사람이 생존을 위해 쓰는 또 하나의 대표 전략은 의식적이라기보다 생물학적 적응의 산물이다. 바로 둔감해지는 것이다. 둔감함에는 저등록 경향이 함께한다.

예민한 사람은 의외로 둔감할 때가 많다. 예를 들어 몸이 더러워지는 것을 끔찍하게 싫어하는 사람이 욕조나 욕실의 불결함이 신경 쓰여 며칠이나 몸을 씻지 않는 식이다. 사람들이 소곤거리는 소리에 귀를 쫑긋 세우며 자신의 험담을 한다고 여기는 사람이 몸가짐이나 옷이 흐트러지는 것에는 둔감하다.

자신이 예민한 것에 신경을 곤두세우느라 다른 것에는 주의를 기울이지 못하는 것이다. 이것은 주의배분의 문제로 해석할 수도 있다. 어느 하나에만 주의하느라 다른 것에는 주의가 미치지 못한다.

소설가 에드거 앨런 포Edgar Allan Poe의 작품에《도둑맞은 편지》라는 단편추리소설이 있다. 파리 경찰은 정치 음모와 관련된 중요한 편지가 방에 숨겨져 있다고 생각해 샅샅이 수색하지만 발견하지 못한다. 경찰국장으로부터 편지를 찾아달라는 의뢰를 받은 명탐정 뒤팽은 편지꽂이에 허술하게 꽂혀 있는 편지를 간단히 찾아버린다. 찾기 어려운 장소에 숨겼을 거라는 생각에 빠져 정작 바로 눈앞에 있는 것에는 주의를 기울이지 못한다.

하나에 사로잡혀 빠져나오지 못하는 상태는 자신의 생각에만 집중해 다른 것이 들어오지 않는 '과집중' 현상과 비슷하다. 예민한 사람은 과집중과 집중하는 대상 이외의 것에 대한 둔감함이 함께 나타나기도 한다.

이런 특성은 주로 부정적으로 언급되는데 어떤 면에서는 예민한 신경을 보호하기 위한 조절작용이고, 이점도 많다. 과학자나 발명가가 관심사에는 놀라운 집중력을 보이지만 그 외의 것에는 매우 둔감했다는 일화는 많다. 그런 특성 때문에 많은 발명과 발견이 가능했고, 우리는 그 혜택을 입고 있다. 과집중해서 세부적인 것에 정신을 빼앗기기 때문에 볼 수 있는 것도 있다. 전체를 보는 관점만 가치가 있는 것은 아니다. 둘 다 유용하고 의미 있다.

에너지를 한곳으로 모은다는 것

저등록 경향인 사람은 배려가 없거나 자잘한 데까지 신경을 쓰지 않아서 사회적응에 불리하다. 또 멍하니 있을 때가 많고, 척척 움직이지 못하고, 재치가 없고, 반응이 늦다는 등의 부정적인 이미지가 많다.

그러나 저등록 경향에는 큰 이점이 있다. 약삭빠르지 못한만큼 끈기가 있어서 한 가지 일을 꾸준히 계속하는 것이다. 옛날부터 성공의 조건으로 운둔근運鈍根, 즉 운이 있고 끈기가 있으며 끝까지 해내는 기력이 있어야 한다고 했다. 저등록인 사람은 이 가운데 끈기와 기력을 갖고 있는 것이다. 조잘조잘 비위 맞추는 말을 잘하거나 배려하지는 못하지만 늘 변함없어서, 길게 보면 신뢰를 얻어 성공할 확률이 높다. 그러므로 재치가 없고 말솜씨가 부족해도 비관할 필요가 없다. 오히려 이런 사람들은 하루하루 성실함을 쌓아가는 것으로 승부해야 한다.

또 하나의 이점은 한 가지에 잘 집중한다는 것이다. 저등록은 약한 자극에는 반응하지 않는다. 그런 사람이 반응할 정도라면 정말 흥미나 관심이 있는 것이다. 즉, 스위치가 잘 켜지지 않지만 일단 켜지면 잠자고 먹는 것도 잊을 만큼 열중한다.

관심사 이외에는 둔감하다는 것은 에너지와 관심을 한곳에 집중시킨다는 것이고 이는 매우 뛰어난 자질이다. 인생에는 시간제한이 있다. 사람이 짧은 인생 동안 원하는 것을 다 할 수는 없다. 시간과 에너지는 한정되어 있는데 주의와 관심을 기울이는 게 많으면 다 초보자 수준에서 끝나버린다.

남을 의식하느라 하고 싶은 말도 하지 못하면 창조적인 일을 이룰 수 없다. 관심사가 아닌 것은 개의치 않음으로써 에너지를 집중할 수 있다. 세계적인 연구자의 집을 찾아갔더니 어질러진 방에 더러운 옷차림을 한 일꾼만 있어서 어쩔 수 없이 그에게 찾아온 이유를 말했는데, 그 일꾼이 바로 대학자였다는 에피소드를 종종 듣게 되는 것도 바로 그런 이유다.

주변에 저등록인 사람이 있다면

저등록 경향의 사람은 어떤 점을 조심해야 할까. 또 주위에서는 무엇을 배려해주면 좋을까. 신경학적 관점에서 보면 저등록인 사람은 자극의 역치가 높기 때문에 애매한 자극으로는 주의나 행동이 전환되지 않는다.

따라서 전환이 일어나기 쉽게 자극을 높이고 강약을 주어 명확하게 알게끔 해주는 것이 좋다. 예를 들어 하던 일을 멈추고 다른 일을 시작해야 할 때 단순히 시계만 놓여 있으면 시계의 존재 자체가 눈에 들어오지 않을뿐더러, 눈에 들어온다 해도 시곗바늘이 예정 시각을 지나버렸다는 것을 알아채지 못한다. 그래서 멍하니 시계를 보고는 하던 일을 계속한다. 이때 효과적인 방법은 타이머를 맞춰서 경고음을 울리거나 벨이나 피

예민함 내려놓기

리처럼 소리 나는 물건으로 정확한 자극을 주는 것이다.

그러나 그 정도로는 효과가 없는 경우도 있다. 가령 저등록인 사람은 여러 개의 자명종이 울려도 꿈쩍도 않고 계속 자기도 한다. 이런 때는 기본 자극량을 늘리고 거기에 계기가 될 자극을 추가해야 효과적이다. 예를 들어 깨우기 30분 전부터 시끄러운 음악을 켜두고, 거기에 귀에 거슬리는 벨이나 알람을 울린다. 다른 종류의 자극을 조합하는 것도 방법이다. 몸을 흔드는 자극과 알람을 함께 쓰는 것이다. 동시에 하는 것이 중요하다.

저등록인 사람이 강의를 듣거나 학습에 참여할 때에도 약간의 궁리가 필요하다. 약하고 애매한 자극으로는 신경계가 반응하지 않아서 멍해지거나 졸기 십상이기 때문이다. 똑같은 어조로 담담히 말하는 대신 목소리의 크기나 어조로 강약을 주거나 분필(마커펜) 색깔을 바꾸는 것이 좋다. 또 강의를 짧게 나눠서 그 사이에 영상을 보여주거나 재미있는 에피소드를 넣는 등의 방법이 필요하다. 수업의 내용은 잊어버려도 선생님이 들려준 재미있는 얘기는 기억하는 경우가 있는데 효과적인 자극으로 주의력이 높아졌기 때문이다.

또 하나 효과적인 방법은 질문과 테스트를 활용하는 것이다. 질문을 받으면 긴장하게 되어 집중력이 높아진다. 쪽지시험은 학생들에게는 달갑지 않겠지만 가만히 수업을 듣는 것보다 확실히 효과가 있다. 출제범위는 좁혀서 5~10분 정도 복습하면 충분히 풀 수 있는 내용으로 하는 것이 요령이다.

저등록 경향이 심한 경우에는 몸을 움직이거나 무언가를 하게 하는 행동자극으로 강약을 줄 수 있다. 단순히 이야기를 듣거나 읽는 것이 아니라 체험을 함으로써 자극 자체가 강력해진다.

저등록인 사람이 공부할 때에도 이 방법들은 효과적이다. 책을 읽거나 필기만 하는 것보다는 단원별로 스스로 문제를 만들어 테스트하면 효과적으로 공부할 수 있다.

업무에 관한 대화를 할 때도 저등록인 사람은 내용의 일부를 빠뜨리고 듣는 경우가 많고, 듣기 자체에 약하다. 애매한 말로는 잘 전달되지 않는 데다 멍하니 흘려들어서 이후에 무슨 내용인지 모를 때도 있다. 정확히 천천히 전달하고 전달한 것을 본인에게 직접 확인받는 것이 좋다. 또 문서나 메일로도 요점을 전달해두면 후에 '말했다, 말하지 않았다'고 문제가 될 소지를 줄일 수 있다.

마음을 안정시키는 행동을 한다

예민한 사람이 마음의 안정을 위해 실행하는 대처전략으로 강박행위가 있다. 강박행위는 하지 않아도 된다는 것을 알면서도 하지 않으면 불안해서 반복적으로 하는 행위이다. 정신의학에서는 부정적인 의미를 지닌 '증상'으로서 다루지만, 강박행위에는 유익한 면도 있다. 바로 마음에 평화를 주는 것이다.

매번 정해진 똑같은 행동을 하는 것은 예민함과 불안으로부터 자신을 지키는 강력한 방법이다. 한 가지 행동을 매번 같은 순서로 반복하면서 마음의 안정을 찾는다. 운동선수 중에도 시합 전에 이런 의식을 하는 사람이 적지 않다.

본래 의식儀式은 집단에서 공유된 강박행위다. 예를 들어 아침에 만나면 '안녕하세요' 하고 고개를 숙이는데, 그 행동 자체에 특별한 의미가 있는 것은 아니다. 그러나 그런 의식을 함으로써 서로를 인정하고 그것이 안도감으로 이어진다. 절에서 합장을 하고 염불을 외우는 행위도 마찬가지다. 그 자체는 의미를 정확히 알 수 없는, 공동체에서 공유되는 일종의 강박행위다.

안정감을 위해 의식적으로 강박행위를 하는 사람들이 많다. 그것을 적절히 활용하는 것은 예민한 사람에게 정신 안정을 가져다주는 현명한 방법이다. 초현실주의 화가 살바도르 달리 Salvador Dali는 신경질적이고 예민한 사람이었다. '살바도르 달리'라는 이름은 그가 태어나기 전에 죽은 형의 이름이기도 하다. 달리가 태어났을 때 그의 아버지는 죽은 형의 환생이라며 형과 똑같은 이름을 지어주었다. 어릴 적부터 안하무인으로 자란 것도 그런 경향이 심해지게 했을 것이다.

그는 메뚜기 공포증이 있어서 갑자기 메뚜기가 나타나면 기절할 만큼 심한 공황상태에 빠졌다. 메뚜기라는 말만 들어도 화를 냈기 때문에 그의 학교 선생님이 교실에서 '메뚜기'라는 말을 금지했을 정도다.

10대 중반, 소년 달리를 더욱 불안정하게 만드는 일이 일어난다. 아버지가 어머니의 여동생과 불륜관계였던 것이다. 달리는 불륜 행위를 훔쳐보았다고도 한다. 그에게 어머니는 누구보다 소중한 존재였다. 그의 안에는 아버지에 대한 적의와 성적인 흥분이 뒤섞인 불안정한 혼합물이 만들어졌다. 그런 일이 있고 1~2년 후 어머니는 암으로 세상을 떠났다. 달리는 아직 열일곱 살이었다. 기발한 차림으로 눈에 띄려는 자기현시욕을 보이는 한편, 누가 말을 걸기만 해도 얼굴이 빨개지는 수줍은 청년이었다.

달리는 화가로 성공하자 세세한 것까지 정해진 규칙에 따라 엄격하게 생활했다. 정해진 의식을 하지 않으면 차분하게 그림을 그릴 수 없었다. 목각인형을 소중히 지녔던 것도 그런 의식의 일환으로, 인형이 없으면 안심할 수 없었다. 한번은 그 목각인형이 없어지는 일이 있었다. 그러자 달리는 공황상태가 되어 어머니를 잃어버린 어린아이처럼 어찌할 바를 몰랐다. 다행히

예민함 내려놓기

목각인형은 다시 그에게 돌아왔지만.

정신의학자 융도 예민한 소년이었을 때 목각인형에서 안정감을 얻었다. 오늘날에는 마음에 상처 입은 아이나 예민한 아이에게 안정감을 주기 위해 인형 등을 사용하기도 한다.

특정한 감각자극을 안심행동으로 사용하는 방법도 있다. 그라운딩grounding도 그런 방법 가운데 하나다. 불안에 압도되려 할 때 맨발로 땅을 밟거나 단단한 벽에 몸을 붙이거나 단단한 것을 손에 쥐어, 자신이 어딘가와 연결되어 있음을 느끼고 안정감을 찾는 방법이다.

'감각 툴 박스'를 휴대하는 방법도 있다. 툴 박스에는 휴대용 뽁뽁이(에어캡의 중독성에 착안해 만든 장난감으로 계속 터뜨릴 수 있다), 사포, 점토, 보냉제, 얼음물이 든 물통 등 감각을 자극하는 것들을 준비해둔다. 그것들을 만지거나 쥐거나 입에 머금는 것으로 안심이 되고 차분해진다.

예민함 내려놓기 연습

행복의 4할은 스스로 결정하는 것

일란성과 이란성 쌍둥이를 비교해 행복에 유전 요인이 얼마나 관여하는지 조사한 연구가 지금까지 10건 정도 있다. 이들 연구를 메타분석(이제까지 이루어진 연구결과를 모아서 분석하는 연구방법)한 결과, 행복에 대한 유전 요인의 관여(유전율)는 36%, 만족감에 대한 유전 요인의 관여는 32%로 나타났다. 3분의 1 정도는 유전자에 의해 결정되지만 나머지 3분의 2는 환경에 의해 결정된다는 것이다.

어릴 때의 환경은 스스로 선택할 수 없다. 부모, 형제, 사는 지역과 다니게 될 학교도 아이의 의사와는 무관하게 정해진다. 그러나 크면서 자신의 인생을 선택하게 된다. 어떤 친구나 반려자를 만날지, 어떤 활동을 할지 등 자신의 환경을 스스로 만드는 것이다.

부모와 가정환경의 영향은 매우 큰데, 어른이 되면서 부모의 영향에서 벗어나기 시작한다. 그리고 부모와 따로 살거나 마음의 거리를 두려고 한다. 부모의 말에 따르기보다 자신의 의지와 선택으로 인생을 꾸려가려 하는 것이다.

물론 부모에게 받은 유전자를 버릴 수도 없고, 좋은 의미에서든 나쁜 의미에서든 부모에게서 배운 사고방식과 행동 양식도 갑자기 바꿀 수는 없다. 하지만 사람들을 만나 새로운 경험을 하다 보면 조금씩 자신을 속박했던 것으로부터 자유로워지고 새로운 가능성도 생긴다.

나이가 들수록 양육환경의 영향은 약해진다. 좋은 환경에서 자라난 사람도 가혹한 어린 시절을 보낸 사람도 어른이 되면 새로운 무대를 맞게 된다. 선택하고 책임지며 자기 삶을 좋게도 나쁘게도 만들 수 있다.

여러 제약과 속박을 고려한다고 해도, 행복감의 약 40%는 그 사람이 어떤 생각을 갖고 어떻게 행동하느냐에 달려 있다. 비만 유전율이 78%였던 것을 떠올려보자. 아무리 다이어트를 해도 결국 성공할 확률이 22%인 것과 비교하면 인생의 행복과 만족은 그 사람이 하기 나름인 것이다.

내 안의 문제를 돌아보다

단, 어른이 되었다고 해서 모두가 자기다운 삶을 사는 것은 아

예민함 내려놓기

니다. 나답게 살려면 먼저 부모라는 환경에 속박되어 있다는 것을 자각해야 한다. 속박은 사고와 행동, 가치관 등에 무의식적으로 새겨지기 때문에 자각하기 어렵다. 그 사람은 하던대로 하는 것일 뿐, 의식하지 않아도 그렇게 되어버리는 것이다.

그래서 애써 부모로부터 벗어나 새로운 인생의 첫걸음을 떼었어도 여전히 부모가 옆에서 지켜보는 것처럼 행동을 한다. 같은 실패를 거듭하면서도 자신이 같은 방식을 되풀이한다는 사실을 깨닫지 못하기도 한다. 반복되는 실수를 하지 않고 자신에게 어울리는 인생을 살기 위해서는 자신을 돌아봐야 한다.

많은 사람들이 자신을 돌아보지 못하는 것은 그것이 어렵기 때문이다. 자신의 약점이나 단점과 마주하는 것은 결코 즐거운 일이 아니다. 외면하는 것으로 그럭저럭 기분을 유지해온 면도 있을 것이다.

그러나 그랬던 사람도 자신을 돌아볼 때가 있다. 혹독한 일을 당했거나 지금까지의 방식이 통하지 않을 때이다. 고통과 좌절을 맛보아야 비로소 자신의 문제에 눈을 돌리게 된다. 아무리 병원을 싫어하는 사람도 통증이 견딜 수 없이 심해지면 구급차를 불러달라고 애걸하듯이, 고통이 있어야 문제를 들여다보게 된다. 그런 의미에서 예민함은 비교적 마주하기 쉬운 문제이다. 예민해서 고통스러워하는 사람들은 많다. 너무 괴로우니까 어떻게든 해보자고 생각하는 것이다.

이번 장에서는 예민함에 대처하고 그것을 극복하는 방법에 대해 생각해본다. 그것은 예민함에만 국한되지 않고 당신이 안고 있는 근본적인 문제를 해결하는 방법도 될 것이다.

예민함 내려놓기

예민함을 줄이려면 어떻게 해야 할까. 표 15는 신경학적 예민함과 심리사회적 예민함이 과거의 상황, 인지경향, 현재의 안전기지와 얼마나 관계하는지를 나타냈다. 표에서 본 대로 신경학적 예민함, 심리사회적 예민함 모두 과거의 상황과는 그다지 상관관계가 없었다.

그에 비해 긍정적 인지를 가진 사람은 신경학적·심리사회적 예민함 모두 누그러지는 경향이 있었고, 상관관계는 과거 상황과의 관계보다 강했다. 그러나 인지 면에서 긍정적인 인지 이상으로 예민함과 강하게 관계하는 것은 이분법적 인지다. 전부가 아니면 전무라는 극단적인 인지는 긍정적인가 부정적인가 하는 것보다 예민함과 관계가 있었다.

더욱 주목해야 할 것은 안전기지와의 관계다. 신경학적 예민함이나 심리사회적 예민함 모두 현재 마음의 의지가 되는 안전기지를 가진 사람에게서는 약해졌는데, 특히 심리사회적 예

표 15

	신경학적 예민함	심리사회적 예민함
과거의 상황	0.28	0.27
긍정적 인지	−0.36	−0.39
이분법적 인지	0.44	0.48
안전기지	−0.41	−0.54

민함에서는 더욱 그랬다.

망상경향과 신체화도 마찬가지였다. 과거의 상황보다 이분법적 인지가 강한 관계를 보였고, 그것보다 더욱 강했던 것이 안전기지가 제대로 기능하는가였다. 과거의 상황보다 현재의 인지와 안전기지가 예민함에 영향을 준다면 우리가 바뀔 여지는 생각보다 크다.

그럼 우리가 할 수 있는 것을 크게 3가지로 좁혀보자.

첫째, 긍정적으로 인지하고 극단적인 생각을 줄여 균형을 찾는다.

둘째, 매사를 자기 관점에서 벗어나 바라보는 훈련을 한다. 이것은 이분법적 인지를 극복하는 것으로 이어진다.

셋째, 안전기지 기능을 높이고 적절히 이용해 자기 안에 안전기지를 키운다.

긍정적이고 균형적인 인지 훈련

지금까지 많은 연구에서 긍정적인 감정과 인지는 기분을 좋게 하고 의욕을 높일 뿐 아니라 인간관계와 사회적응을 도와 행복하고 성공한 삶을 살게 해준다는 것이 증명되었다.

51건의 선행연구(자신이 연구하고자 하는 주제를 다른 학자들은 어떻게 연구했는지 간략하게 요약, 정리하는 것)를 메타분석한 바에 의하면, 긍정적 인지가 행복에 미치는 효과량(효과를 보이는 유효량)은 0.29, 우울감의 효과량은 0.41이었다. 다른 연구에서는 적응과 자존감에 대해 평균 0.32의 효과량을 나타냈다. 긍정적 인지를 높이는 것과 행복도의 개선은 약 0.3 정도의 상관관계가 있었다.

몇 년 전부터 긍정심리학(개인의 강점과 미덕 등 긍정적 심리에 초점을 맞추자는 심리학의 새로운 연구 동향)이라는 용어가 널리 알려졌는데, 그 역사는 비교적 오래되어서 1970년대부터 꾸준히 연구가 이루어졌다.

당시 심리학자 마이클 포다이스Michael Fordyce는 긍정심리학의 시초가 되는 시험을 했다. 그는 학생들에게 다른 사람의 행동을 따라하게 했다. 예를 들어 친밀한 관계를 중시하거나 낙천적인 사고방식을 키우거나 보람 있는 활동을 하게 했다.

그러자 놀라운 일이 일어났다. 학생들의 행복도는 하루하루

예민함 내려놓기

높아져서 우울과 비관적인 생각이 크게 줄어들었다. 이 연구 이후에 긍정적인 감정과 인지를 키우기 위한 다양한 방법이 만들어졌다. 그중 몇 가지를 알아두면 도움이 될 것이다. 다음에 소개하는 것들 가운데서 자신에게 맞는 것을 찾아보자.

희망 연습

세기가 바뀔 무렵, 미주리 대학교의 로라 킹Laura A. King 교수는 흥미로운 실험을 했다. 학생들을 나흘 연속 자신의 연구실에 오게 해서 20분씩 최고의 자신을 묘사하는 글을 쓰게 했다. 하루 20분, 이상적인 자신을 그려보는 것이 전부인 과제였는데 그 효과는 바로 나타났다. 행복감과 좋은 기분이 약 4주 동안 지속되었고 5개월 후에는 신체적인 불편함까지 줄어들었다.

그 후 킹 교수 팀은 더욱 간단한 방법을 시도했다. 이틀에 걸쳐 하루 2분씩 자신의 이상적인 인생을 묘사하는 글을 쓰게 한 것이다. 효과는 같았다. 이후 2가지 추시(남이 실험한 결과를 그대로 해보고 확인함)가 이루어지는데, 모두 같은 효과를 나타냈다. 일주일에 한 번 15분씩 최고의 자신을 묘사하는 글을 쓰는 과제를 8주간 계속한 연구에서는 행복도를 높이는 효과가 6개월이나 지속되었다.

단기 정신요법에서는 '당신은 어떻게 되고 싶나요?'라는 질문을 자주 한다. '지금 당장이 너무 힘들어 그런 생각을 할 여유가 없다'고 대답하는 사람도 있을 것이다. 그러나 어떻게 되고 싶은지를 설명하는 것에서 변화가 시작되는 예도 많다. 왜 냐하면 목적지가 없으면 길을 잃고 헤매기 때문이다. 목표를 명확히 하고 그걸 말로 표현함으로써 자신이 나갈 방향이 구체적으로 모습을 드러낸다.

사람은 희망을 말할 때 힘이 솟는다. 현재의 문제와 과거의 실패를 말할 때면 침울해지지만 희망이 있는 사람은 살아갈 수 있다. 그런 의미에서 나는 미래의 이상적인 모습을 말하는 것을 '희망 연습'이라고 부른다. 3년 후, 10년 후 자신이 어떻게 되고 싶은지를 글로 쓰거나 말하는 것은 큰 도움이 된다.

그런 것을 생각해봤자 다 소용없는 짓이라며 부정적인 반응을 보이는 사람에게 사용하는 방법 가운데 '기적의 질문법 miracle question'이란 것이 있다. '기적이 일어나서 뭐든 할 수 있다면 어떻게 되고 싶은가'를 묻는 것이다. 그 사람을 옭아매는 현실적인 제약을 없애면 비로소 속마음을 털어놓는 경우도 있다. 현실에 얽매이지 않고 희망을 말하는 것이 핵심이다.

친절 연습

행복한 사람일수록 친절하다는 것이 연구로도 증명되었다. 친절과 행복이 관계있다면 친절을 베풂으로써 행복을 키우고 쉽게 상처 입는 마음도 고칠 수 있지 않을까.

예민함 내려놓기

심리학자 엘리자베스 던Elizabeth Dunn을 비롯한 세 명의 연구자는 이것을 확인하기 위해 실험을 했다. 실험 참가자에게 5달러 혹은 20달러를 주며 그 돈을 자기를 위해서 써도 되고 남을 위해 써도 좋다고 했다. 결과는 매우 흥미로웠다. 돈을 자신을 위해 쓴 사람보다 남을 위해 쓴 사람이 더 행복해했다. 금액과 행복의 크기는 관계없었다고 한다.

같은 친절한 행위를 반복하는 것보다는 새로운 행동으로 신선함을 느낄 때 더 행복하고, 작은 친절을 매일 하기보다 한 번에 집중해서 할 때 더 큰 고양감을 얻는다는 연구결과도 있다. 그렇게 되면 친절은 타인을 위한 것만이 아니라 자신을 위한 것이 된다. 이처럼 친절은 그것을 받는 상대뿐만 아니라 베푸는 사람도 행복하게 만든다.

친절한 행위와 예민함에 대한 자료는 아직까지 없지만 행복감과 예민함이 중간 정도의 음의 상관관계를 보인다는 점에서 예민함을 덜어주는 것을 기대할 수 있다. 친절과 예민이 어떻게 영향을 주고받는지 이해가 가지 않는 사람도 있을 텐데, 어찌 보면 그 2가지가 밀접한 것은 당연하다.

친절은 자상함이라고 바꿔 말할 수 있다. 친절이나 자상함은 남을 위한 행위이고 또 따뜻한 기분이 들게 한다. 그리고 자상함에 관여하는 것이 옥시토신이라는 애착 호르몬이다. 자상하게 보살펴줄 때뿐만 아니라 다정하게 웃는 얼굴로 사람을 대할 때도 옥시토신이 분비된다. 옥시토신에는 항스트레스와 항불안 기능이 있어서 예민함을 줄여준다.

학대받은 아이가 예민한 이유는 트라우마 때문이기도 하지만 애착이 안정되지 않아 옥시토신계 호르몬이 제대로 기능하지 못하기 때문이기도 하다. 그렇다면 다른 사람에게 친절하고 자상하게 대하는 것으로 스트레스와 불안이 줄어 덜 예민해진다고 해도 이상할 것은 없다. 자상해지라고 하면 부담감을 느끼는 사람도 친절해지라고 하면 잘 받아들인다. 게다가 인정이나 자비는 남을 위한 것일 뿐 아니라 자신을 위한 것이기도 하다. 가족에게 자상하게 대하는 것을 어려워하는 사람도 가족에게 친절해져보라고 하면 거부감 없이 받아들인다. 그리고 가족에게 친절하면 남들에게 친절한 것 이상으로 좋은 점이 많다.

감사 연습은 일주일에 한 번

모든 일에 감사하는 것도 스트레스를 줄여 행복감과 면역력을 높여준다. 장수하는 사람들은 불만보다 감사의 말을 많이 한다는 보고도 있다.

한 연구에서는 참가자에게 일주일에 한 번씩 10주, 혹은 날마다 2~3주 동안 감사한 일을 5가지씩 열거하게 했다. 그 결과 실험에 참가한 사람은 참가하지 않은 사람에 비해 더 행복해했고 건강까지 좋아졌다. 감사하는 습관만으로도 큰 변화가 생긴다.

다른 연구에서는 위와 같은 과제를 하는 것만으로도 기분이 좋아지고 숙면을 취하고 사람들과의 관계가 좋아졌다는 결과를 얻었다. 감사하는 사람이 더 행복한 이유는 쾌락순응이 일어나기 어렵기 때문이다. 쾌락순응은 기분 좋은 일도 익숙해지면 처음만큼 기쁨을 못 느끼는 현상이다. 감사할 줄 모르는 사람은 유복한 환경에서도 불만만 느낀다. 그러나 그런 마음이 건강에까지 영향을 준다면 연습을 통해서라도 감사하는 마음을 가져야 할 것이다.

흥미로운 것은 이런 연습을 일주일에 한 번 했을 때와 세 번 했을 때를 비교하면 한 번만 했을 때가 더 효과적이었다는 것이다. 너무 자주 하면 강제적이라고 느끼는 걸까. 아무튼 한 주를 돌아보면서 남에게 받은 친절을 떠올리고 그것에 감사하는 것은 마음의 상처와 삶의 고달픔을 덜어주고 행복을 더해준다.

단, 감사 연습의 효과는 그 사람이 얼마나 열정을 기울이냐에 따라 다르다는 것도 보고되었다. 연구에 의하면 실험 참가자에게 감사의 편지를 쓰게 했는데 효과가 있었던 것은 열심히 과제를 한 사람들이었고, 더 행복해지고 싶은 사람일수록 효과가 컸다. 그런 사람의 경우 효과가 좋았을 뿐 아니라 오래 지속되어 반년 후에도 행복감이 높았다고 한다.

긍정 트레이닝

지금까지 소개한 것들 외에도 긍정적인 감정과 인지를 늘리기 위한 여러 방법이 개발되고 시도되었다. 그것들이 정말 효과가 있는지는, 울적해하는 대학생이 아니라 회사관념希死觀念(죽고 싶다고 생각하는 것. 자살염려라고도 한다)이나 부정적 감정과 생각에 사로잡힌 우울증 환자에게 그 방법이 통하느냐에 달렸다.

그중에서 희망적인 결과가 나온 방법은 2가지였다. 하나는 인생에서 좋았던 일을 3가지 쓰게 하는 것이었다. 또 하나는 자신의 강점을 새로운 방식으로 활용하게 하는 것이었다.

이 2가지 방법은 실행하는 동안 기분이 좋아지고 의욕이 높아졌을 뿐 아니라 이후 6개월 동안 우울증이 개선되었다. 특히 트레이닝이 끝난 후에도 계속 이 방법을 쓴 사람은 더 오랫동안 우울증이 나아졌다.

물론 트레이닝의 대상이 중증 우울증 환자가 아니라 비교적 가벼운 우울증과 기분변조증dysthymia 환자였기 때문에 기분 좋은 자극에 어느 정도 반응이 나타난 경우였다고 추측할 수 있다.

그렇다고 해도 6개월 동안 그 효과가 지속되었다는 것은 본질적인 변화가 있었다고 할 수 있다. 긍정적인 감정과 인지를 키우는 심리요법은 인지행동요법과 항우울제 치료보다 우울증

예민함 내려놓기

에 효과가 있다고 보고되었을 정도다.

사람마다 효과적인 방법이 다르다

이처럼 긍정적 감정과 생각, 행복을 위해 여러 방법이 쓰이는데, 누구에게나 똑같이 효과적인 것은 아니다. 효과가 있는 사람도 있고 그렇지 않은 사람도 있다. 선택한 방법에 따라서 효과 차이도 컸다.

예를 들어 다른 사람에게 친절하라는 과제는 원래 사람 사귀기를 좋아하는 사교적인 사람에게는 효과적이지만 그렇지 않은 사람에게는 오히려 고통이 되기도 한다. 그런 사람에게는 하면 좋을 일을 3가지 떠올린 후 글로 쓰거나 이상적인 자신의 모습을 글로 쓰는 등의 혼자 할 수 있는 과제가 어울린다.

혼자 하는 것을 좋아하는지 아니면 사람들과 어울릴 때 기뻐하는지, 그 사람에 맞는 방법을 선택해야 한다. 본인에게 선택하게 하는 것이 좋다. 그 결과가 얼마나 효과적인지 알고 실행하면 효과는 더욱 커진다. 혼자 하는 것도 어느 정도 효과는 있지만 전문가의 도움을 받는 것이 훨씬 결과가 좋다. 그 도움이 계속될수록 효과는 오래간다.

가족과 친구에게 도움을 받을 수 있는 사람은 효과가 더 좋았다. 그런 도움이 없으면 일시적으로 좋아졌다가도 다시 나빠지기 쉬웠다.

지나친 긍정은 독이 된다

긍정적인 인지를 높이려 할 때 주의해야 할 것이 하나 있다. 바로 무조건 긍정적이어서는 안 된다는 점이다. 지나치게 긍정적이면 오히려 위험한데, 큰 실패나 깊은 우울의 징조이기 때문이다. 부정적인 부분도 필요하고 이 둘이 균형을 이루는 것이 중요하다.

모든 것이 좋다고 생각될 때도 나쁜 점을 생각해볼 필요가 있다. 모든 일에는 양면이 있기 때문에 다 좋다고 생각될 때는 뭔가 놓치고 있는 것이다. 긍정적인 사고만 하는 것보다 극단적인 사고를 극복해서 긍정적이든 부정적이든 어느 한쪽에 치우치지 않는 것이 중요하다. 그 연습으로 효과적인 방법을 소개한다.

좋은 점 찾기 연습

경계성 성격장애는 강한 자기부정과 삶의 고달픔 때문에 죽고 싶다는 생각에 사로잡혀서 자해와 자살시도를 반복하는 상태다. 치료에 효과적인 심리요법으로 알려진 것이 변증법적 행동요법인데, 이 치료법의 하나의 큰 줄기가 되는 것이 인정요법 validation therapy이다.

인정요법이란 현상을 있는 그대로 받아들이고 긍정하는 것이다. 할 수 없는 것이나 악화한 것에만 주목하지 않고 좋은

예민함 내려놓기

것, 할 수 있는 것에 시선을 돌려 긍정적으로 바라본다. 이 방법은 매우 효과적이어서 다른 영역에도 도입되고 있다. 예를 들어 치매의 진행을 늦추는 데도 효과적이다.

좋은 점 찾기 연습은 어려운 일, 나쁜 일이 일어났을 때야말로 실행하기 좋은 기회다. 모든 것이 잘 돌아갈 때는 누구나 좋은 점만 본다. 좋은 점 찾기의 진가는 일이 잘되지 않을 때 드러난다. 그런 의미에서 나쁜 일이 일어났을 때가 훈련의 가장 좋은 기회가 된다.

용서 연습

앞에서 감사하는 연습을 설명했는데 이 연습은 긍정적인 인지를 늘릴 뿐 아니라 이분법적인 인지를 극복하게 해준다. 오히려 그쪽이 더 크다고 할 수 있다. 감사 연습은 현실의 어려움 속에서도 좋은 점을 보고 감사하다고 여기도록 도와준다.

최악의 상황에서도 좋은 의미를 찾고 긍정적으로 받아들이는 것이 감사 행위라면, 그것은 현상을 있는 그대로 긍정하는 인정요법과 본질이 같다. 게다가 마음을 담은 정서 행위라는 점에서 더 큰 이점이 있다.

신기한 것은 경계성 성격장애를 이겨내기 시작한 사람은 입을 모아 자신을 지켜준 사람에게 감사하다고 말한다는 점이다. 감사함을 표현함으로써 주위 사람과의 관계도 좋아지고 마음도 안정되는 선순환으로 변한다.

물론 그렇게 되기까지는 많은 도움과 깨달음, 긴 여정이 필요하다. 감사 연습에 순순히 참가한다는 것 자체가 고뇌가 크지 않기 때문일 수도 있다. 상처 입어 극단적인 생각에 빠져버린 사람에게는 어려운 과제다. 효과를 보지 못하는 사람이 일정 비율 있는데, 그런 어려움을 안고 있어서 진지하게 임하지 않았기 때문일 수도 있다.

그런 의미에서 지금부터 소개하는 용서 연습은 더 어렵게 느껴질지도 모른다. 그러나 조금씩이라도 실천하면 훨씬 마음이 편해질 것이다. 용서 연습은 궁극의 인정요법이다. 자신이 상처받은 일, 곤경에 처했을 때를 떠올려 상대를 용서한다. 용서하기 위해서는 상대의 입장과 기분도 헤아려야 한다. 자신의 상처와 화를 극복할 필요도 있다. 그것은 매우 어려운 일인데, '용서하자', '용서합니다' 하고 마음속으로 중얼거림으로써 조금씩 변화가 일어난다.

돌아보는 힘 기르기

제삼자의 관점을 갖는다

앞에서는 긍정적인 감정과 인식을 늘리고 이분법적 사고에서

예민함 내려놓기

벗어나기 위한 훈련법을 설명했다. 일반적인 고통과 고민이라면 이 훈련만으로도 기분이 나아지고 상황이 좋아질 계기가 만들어진다.

그러나 굉장히 예민하거나 상처가 너무 깊으면 긍정적인 감정, 균형적인 인지를 갖기가 쉽지 않다. 심한 분노와 증오에 사로잡혀 인간도 세상도 저주하고 싶을 때도 있다. 긍정적이 되기는커녕 자신도 상대도 다 무너뜨려버리고 싶기도 할 것이다.

그런 차원의 사람은 긍정심리학으로는 극복할 수 없고, 그런 연습 자체를 받아들이지 못한다. 그래서 필요한 것이 그 전 단계의 훈련인데, 자신의 관점을 벗어나는 것이다. 자신을 제삼자의 눈으로 볼 수 있을 때라야 상처 준 사람을 진정 용서하게 된다.

자신으로부터 거리를 두어 제삼자처럼 자신과 주변 상황을 볼 수 있어야 비로소 자신을 괴롭히는 고통으로부터 자유로워지고, 객관적으로 보게 된다. 여기에도 크게 두 단계가 있다. 하나는 메타인지(상위인지, 초인지라고도 한다)를 단련하는 단계다. 메타인지는 자신의 인지(사물을 보는 관점)를 인지하는 것이다. 무언가를 느끼고 생각하는 자신의 감정과 생각을 제삼자처럼 보고 느낀다. 돌아보기라고도 할 수 있다.

'이 그림 속 피에로의 얼굴은 슬퍼 보인다'는 사물을 보는 하나의 관점이고 인지이다. 반면 '자신이 이 피에로의 그림을 보고 슬프다고 느끼는 것은 거기에서 자신의 모습을 보고 있기 때문일지도 모른다'고 생각하는 것은 자신의 인지에 대한 인지로, 메타인지에 의한 것이다.

메타인지에 의해 사람은 자신을 어느 정도 객관적으로 바라보게 된다. 그것으로 자신의 시점에서 거리를 두어 타인의 시점으로 보게 되고, 나아가 세상을 조감하게 되어 자신에게 일어난 일을 이해하고 받아들이게 된다.

믿고 따르는 상사의 냉정한 한마디에 상처를 받았을 때도 자신의 관점에서 벗어나 그 상황을 객관적으로 보게 되면 상사는 단지 업무적으로 주의를 준 것일뿐 상처주려 한 것은 아니라고 받아들일 수 있다. 메타인지 능력을 키움으로써 상황에 휘말려서 상처받는 것을 막을 수 있다. 메타인지의 대표적인 훈련 방법이 인지행동요법이다.

메타인지 훈련으로 어느 정도 자신을 객관적으로 보게 되었을 때 최종 목표로 하는 경지가 '관조觀照'다. 관조란 자신의 관점에 얽매이지 않고 자유롭고 넓은 시야로 세상을 보는 것이다. 쉽게 다다를 수 있는 경지는 아니지만 여기에 이르지 않고는 괴로움에서 벗어날 수 없는 경우도 있다.

관조는 이전에는 종교적으로만 이를 수 있는 경지로 여겨졌는데, 최근에 일반인도 해볼 수 있게 퍼진 것이 마인드풀니스mindfulness(팔리어 사띠sati를 영어로 번역한 것으로, 매 순간순간의

'알아차림'을 의미한다)다.

다음에서는 메타인지를 바꿈으로써 예민함과 마음의 상처를 줄이고, 나아가 집착과 두려움으로부터 자유로워지는 방법에 대해서 알아보자.

인지행동요법

'무념무상의 경지에 이르면 불 또한 시원하다(마음가짐 하나로 어떤 고통도 고통으로 느끼지 않을 수 있다는 의미)'는 에린지惠林寺의 주지 가이센 조키가 오다 노부나가(전국시대의 무장)의 공격으로 절이 불탈 때 제자들 앞에서 한 말이다. 가이센은 제자들과 함께 불에 타 죽었다. 실제로 마지막 순간을 맞기 전에 한 말인 만큼 무게가 있다. 단순한 오기만으로는 이런 말이 나오지 않는다.

예민해서 괴로워하는 나약한 존재들은 이런 경지에 이른 모습에 경의를 느끼지 않을 수 없다. 이 경지에까지는 이르지 못해도 예민함을 조금이라도 덜어내 공포와 불안에서 벗어날 수 없을까.

불에 타지는 않아도 그에 맞먹는 고통을 느끼며 매일을 사는 사람도 있다. 여러 원인으로 일어나는 난치성 동통疼痛 환자들이다. 이런 난치성 동통 치료에도 이용되는 것이 인지행동요법이다. 인지행동요법은 우울증과 불안을 줄이고 진통제도 들지 않는 통증도 낫게 할 수 있다. 물론 예민함을 고치는 데도 효과적이다.

어떻게 하면 그런 마법 같은 일이 가능할까. 사실 그것은 한순간 변하는 마법과는 정반대이다. 오히려 작은 실천을 꾸준히 쌓아가는 것으로 가능하다. 인지행동요법의 기본원리는 인지, 감정, 행동 이 3가지가 연결되어 있어서(그림 2 참조) 그 가운데 하나만 바꿔도 다른 것까지 변화한다는 것이다.

인지행동요법에서는 보통 인지를 변화시키는 것을 중시하지만 행동을 변화시켜도 된다. 상황을 악화시키는 인지(사물을 받아들이는 방법) 습관을 깨닫고 개선에 도움이 되는 행동을 늘리고 방해가 되는 행동을 줄인다. 즉, 병을 만들고 악화시키는 나쁜 습관을 줄이고 건강해지는 좋은 습관을 늘리는 훈련이다.

실제로 인지행동요법에서는 학습이나 훈련 요소가 큰 비중을 차지한다. 통증의 원리를 배우고 어떤 심리 요인이 통증을 악화시키는지 공부한다. 자신을 괴롭히는 것의 정체를 아는 것부터 시작하는 것이다. 단순히 괴로워하고 고민하고 두려워하는 대신 그 원리와 원인, 대처법을 배움으로써 불안과 두려움에 맞설 수 있다.

통증은 그 자체도 고통이지만 자기 힘으로 어떻게 할 수 없다는 무력감이 더욱 힘들게 한다. 하고 싶은 것을 할 수 없는 안타까움과 초조함, 언제까지 그 고통을 견뎌야 하는지 모른다

그림 2. 인지의 삼각형

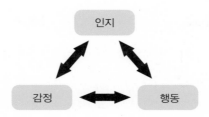

는 불안 때문에 더 괴롭다.

이런 생각이 통증을 더욱 견디기 어렵게 만든다는 것을 알면 그런 생각에 덜 빠지고 좀 더 도움이 되는 생각을 하게 된다. 예를 들어 통증을 주의하라는 신호로, 더 이상 무리하지 말고 쉬라는 의미로 생각할 수 있다. 또 통증과 고뇌는 그 사람을 괴롭히기만 하는 것이 아니라 종종 정신적 성숙을 가져다주기도 한다.

실제로 심한 통증과 고뇌를 겪으면서도 큰일을 해내는 경우가 있다. 폭풍우가 닥쳐도 절망하지 않고 지나가기를 기다리면 된다고 생각할 수도 있다. 이렇게 통증 자체보다 그것에 따르는 부정적인 생각을 줄임으로써 악순환을 막는다.

다른 사람의 말과 태도에 상처받은 마음에도 같은 원리를 쓸 수 있다. 상처받았다는 생각에 괴로워하는 것이 아니라 왜 그런 아픔과 고통을 느끼는지 그 원리와 대처법을 배우는 것이다. 이런 책을 읽는 것도 그런 의미에서 인지행동요법이라 할 수 있다.

상처를 통해 중요한 깨달음을 얻는다고 생각할 수도 있다. 실제로 어떤 경험이든 무언가 배울 것이 있다. 불합리하다고 생각한 일에도 어떤 의미가 있다. 이렇게 생각하면 괴로움은 배우고 깨달을 기회라고, 전혀 다른 관점에서 받아들이게 된다.

아무리 나쁜 경험 같아도 성장을 위한 시련일 수 있다. 가혹한 경험을 잘 견뎌내는 사람들은 그런 의미부여를 통해 시련을 극복한다.

상대방이 되어보기

상처받았을 때는 누구나 분노와 슬픔에 사로잡혀 상처받은 자신의 상황밖에 보이지 않는다. 그러나 자신의 관점에 얽매이면 오히려 거기에서 벗어나기 어렵다. 고통에서 자유로워지기 위해 정말 필요한 것은 제삼자의 눈으로 보는 것이다.

그 훈련으로 효과적인 것이 자신이 상대방이라면 어떨지 생각해보는 연습이다. 처음에는 쉽지 않지만 그런 시점의 전환이 가능해지면 덕이 높은 선승처럼 아무것에도 얽매이지 않고 상황을 바라볼 수 있게 된다.

예민함 내려놓기

고통은 되돌릴 수 없다는 생각에서 온다

통증과 고뇌가 참기 어려운 이유 중 하나는 그것이 자신의 의지나 힘으로 어쩔 수 없기 때문이다. 통증은 의지와는 무관하게 당신을 괴롭힌다. 굉음과 불쾌한 냄새도, 소문과 험담도 자기 힘으로는 어떻게 할 수 없을 때 참기 어려워진다. 사람들은 부당한 험담과 비난에 억울해하고 화를 내는데, 더 고통스러운 것은 그것을 자기가 어떻게 할 수 없다는 무력감이다.

어릴 때는 친구가 자신에게 나쁜 말을 했을 때 선생님께 일러서 사과를 받는 '정의'를 기대할지도 모른다. 그러나 조금 크고 나면 그런 방법은 오히려 따돌림을 불러온다는 것을 알게 된다.

뭔가 큰 잘못을 해서 주위에 피해를 주고 상사에게 질책당한 상황을 떠올려보자. 그 사람이 침울해하는 것은 잘못 때문이기도 하지만 그 잘못을 되돌릴 수 없기 때문이기도 하다. 자신의 뜻대로 어떻게 할 수 없다는 좌절감은 만성 통증에 시달리는 상태와 같다.

실패해도 되돌릴 수 있다면 그 아픔이 오래가지는 않을 것이다. 야구 경기에서 실책을 범해도 다음에 안타를 치면 만회된다. 그런데 만회할 기회도 없이 자신의 실책으로 경기에 졌다고 하자. 잔뜩 풀이 죽고 충격은 오래갈 것이다. 되돌릴 수 없다고 생각한 순간 그 실패는 마음에 박혀버린다.

고통스러운 일이 그 사람의 마음을 좀먹는 것은 그것이 되돌릴 수 없기 때문이다. 되돌릴 수 없기에 고통에서 도망칠 수 없고, 도망칠 수 없다는 절망감으로 고통은 더욱 커진다. 그럼 어떻게 해야 할까.

선의 사고방식과 인지요법의 결합

선종(참선수행으로 깨달음을 얻는 것을 중요시하는 불교의 한 종파)의 사고방식과 서양의 인지요법이 합쳐져 새로운 심리요법이 만들어졌다. 변증법적 행동요법, 마인드풀니스 인지요법, 수용전념치료ACT, Acceptance Commitment Therapy 등인데 이것들의 공통점은 있는 그대로 받아들여 그것과 싸우지 않는 것이다. 고통을 없애려 발버둥치지 않고 그대로 내버려둔다는 발상이다. 거기에는 선禪이 장점으로 삼는 달관과 역전의 발상이 있다. 음陰이 극한에 이르면 양陽이 나온다는 관점으로 사물을 보아 지금 일어나는 흐름을 아득바득 거스르려 하지 않는다. 내버려두면 흐름이 바뀐다는 관점으로, 아무리 나쁜 일을 당해도 언젠가는 지나가리라고 여기는 자세다.

그러나 이런 방법은 말하기는 쉬워도 실천하기는 어려운데, 눈앞의 고통과 공포, 불안을 언젠가 없어질 거라고 대수롭지 않게 여기기는 쉽지 않다. 예민한 사람은 오히려 과잉반응해서 사태를 악화시키기도 한다. 고통과 공포, 분노와 초조에 사로

예민함 내려놓기

잡히면 냉정함은 어디론가 사라져버린다.

어느 날 갑자기 그런 경지에 다다를 수는 없으므로 꾸준한 훈련이 필요하다. 스님처럼 수행하는 것은 쉽지 않다. 스님들은 매일 아침 일찍부터 청소를 하고 경을 외우고 몇 시간식 참선을 한다. 큰스님의 물음에 답이 부족하면 죽비가 날아오고 더 힘든 수행을 해야 할 때도 있다. 나쓰메 소세키도 선사에 머무르며 수행의 흉내를 낸 적이 있는데 그 엄격함에 꼬리를 사리고 돌아갔다. 선이라는 우수한 문화는 그런 엄격함 때문에 사람들에게는 다가가기 어려운 세계로만 인식되었다.

미국인은 고상한 문화도 대중적으로 바꿔버리는 재주가 있다. 일본인도 몰랐던 선의 진수를 자신들이 잘하는 심리요법과 결합해 누구나 해볼 수 있게 한 것이다. 그중에서도 성공을 거둔 것이 마인드풀니스다.

마인드풀니스의 효과

마인드풀니스는 예민함을 누르는 데 매우 효과적이다. 불안, 고통과 싸우려 하지 않고 그대로 받아들여 흘려버리는 것이 기본자세다. 고통과 불쾌, 불안과 분노, 슬픔 같은 부정적인 감각과 감정은 하늘에 떠 있는 구름 같은 것이다. 구름을 억지로 없애는 것은 불가능하므로 무력감에 빠지고 괴로워질 뿐이다. 그런 헛된 일에 아등바등할 필요가 없다. 내버려두면 구름은 저절로 흘러간다. 그저 흘러가는 대로 두면 된다.

그러나 예민해졌을 때는 신경 쓰이는 일이 머릿속에서 떠나지 않는 악순환에 빠진다. 흘려보내려 해도 머릿속에 딱 박혀 꼼짝도 않는다. 내버려두려 해도 한번 생각이 미치면 꼬리에 꼬리를 물고 그 생각이 이어지기도 한다.

이 무한지옥 같은 상태에서 어떻게 벗어날 수 있을까. 이때 도움이 되는 것이 호흡과 신체감각이다. 마인드풀니스가 효과적인 것도 이 때문이다. 호흡은 신기한 현상이다. 잠들어도 자율신경의 활동으로 호흡은 유지된다. 게다가 자신의 의지로 심장박동 속도나 발한發汗이나 장의 운동을 조절하는 것은 거의 불가능하지만 호흡은 자신의 의지로 조절할 수 있다. 즉, 호흡은 의식적으로 제어 가능한 운동신경과 자동적인 조절이 이루어지는 자율신경, 이 2가지가 교차되는 현상이다.

선조들도 호흡을 가다듬음으로써 심신을 좋은 상태로 유지할 수 있다는 것을 알았다. 마찬가지로 신체감각도 자율신경과 감각신경이 교차되어 나타나는 현상이다. 신체감각에는 자율신경의 활동이 반영된다. 그리고 자율신경의 활동에는 스트레스나 불안, 공포, 분노, 기쁨 같은 정서적인 흥분이 반영된다. 신체감각을 지킴으로써 우리는 자신의 상태를 객관적으로 보게 된다.

호흡에 주목하면서 명상하고 신체감각을 음미하는 보디 스

예민함 내려놓기

캔body scan을 함으로써 초보자도 비교적 쉽게 효과를 얻을 수 있다. 예민한 자신을 괴롭히는 고통으로부터 거리를 두고 흘러가는 대로 놔두라고 하면 어렵지만, 불안과 고통이 느껴지면 호흡과 신체감각에 집중하라고, 향해야 할 대상을 확실히 정해주면 한층 받아들이기 쉬워진다.

3분 호흡 공간법

마인드풀니스는 한 세트에 30분 정도가 걸리는데, 바쁜 사람은 이 시간도 내기 어렵다. 그런 경우 추천하는 것이 '3분 호흡 공간법'이라는 간단한 호흡 명상법이다. '호흡 공간breathing space'이란 기분전환이나 한숨 돌린다는 의미다. 그래서 '3분 환기 명상'이라고 하는 것이 본래의 의미에 가깝다.

먼저 등을 펴고 바르게 앉아서 눈을 감는다. 처음 1분 동안은 자신의 마음을 느낀다. 불안과 고통, 분노와 슬픔을 어떻게 해보려 하지 않고 있는 그대로를 느끼고 관찰한다. 다음 1분 동안은 호흡에 주목한다. 코로 마신 공기가 기도를 지나 폐로 들어갈 때의 감각에 정신을 집중한다. 폐와 배의 움직임을 느낀다. 과호흡이거나 호흡에 예민한 사람은 배에 손을 대고 하는 것이 좋다. 손바닥으로 배의 움직임을 느끼며 호흡을 조절한다. 기분과 감각을 제어하기는 어렵지만 호흡은 자신의 의지로 가다듬을 수 있다. 이때 들이마신 공기를 전부 내뱉는 것이 중요하다. 충분히 시간을 들여 천천히 숨을 내쉰다. 깊게 천천히 호흡한다.

마지막 1분은 몸의 감각에 의식을 집중한다. 발끝부터 무릎, 허벅지, 엉덩이, 배, 등, 팔, 어깨, 목, 얼굴, 머리 순으로 아래서부터 몸의 상태를 훑는 방법을 '보디 스캔'이라고 한다. 1분이라는 시간에 꼼꼼하게 훑을 수는 없지만 발에서 배, 어깨, 목, 머리를 느끼면 된다. 느끼면서 몸의 부위를 조금 움직이는 것도 긴장을 푸는 좋은 방법이다. 숨을 내쉬면서 천천히 눈을 뜬다.

짧은 시간이지만 기분을 전환하는 데 매우 효과적이다. 자신의 기분을 통제하기 힘들 때 해보자. 마인드풀니스는 자극과 잡념을 줄여서 마음을 편안하게 해주는 방법이다.

작은 행동부터 변화시키기

마인드풀니스의 예로도 알 수 있듯이 인지를 바꾸는 것은 의외로 어렵다. 마음에 여유가 있을 때는 객관적으로 돌아보게 되지만 지쳤을 때는 긍정적으로 생각하거나 다른 관점에서 바라보기 어렵다. 이럴 때 '인지의 삼각형'(199쪽 그림 2)을 떠올리자. 감정은 인지와도 연결되어 있지만 행동과도 관계있다.

기분이 너무 나빠 다른 생각을 할 수 없을 때는 행동을 바꿈으로써 감정을 다스릴 수 있다. 즉, 궁지에 몰렸을 때는 머리로

예민함 내려놓기

생각하기보다 몸을 쓰는 것이 좋다. 이럴 때는 이렇게 행동한 다는 루틴이나 대처 행동을 정해두면 기분 나쁘다고 함부로 행 동하는 것을 막을 수 있다.

3분 호흡 공간법도 그런 방법 중 하나다. 신경이 날카로워지 면 산책하거나 책상을 정리하는 것도 좋다. 화장실에서 3분 호 흡 공간법을 해도 좋고 찬물로 세수를 해도 좋다.

예민한 사람은 집에 틀어박힐 때가 많다. 인간관계에 소극 적이 되고 사람 앞에 나서기 싫어한다. 학교생활이나 직장생활 이 어렵다는 생각이 들면 등교나 출근을 못하는 경우도 있다. 대하기 거북한 선배나 상사의 얼굴을 보는 것이 싫어서 아침에 일어나지 못할 때도 있다.

이를 고쳐보겠다고 아무리 결심해도 막상 행동으로 옮기려 면 발이 떨어지지 않아, 지하철역까지 갔다가 돌아와버리기도 한다. 그런 경우 학교에 간다, 직장에 간다 하는 것을 목표로 하면 변화를 기대하기 어렵다. 오히려 중간 단계나 다른 목표 를 만들어 도전하는 것이 좋다.

예를 들어 일단 방청소를 목표로 하는 것이다. 청소를 했으 면 그 다음에는 책상 앞에 앉아서 한 시간 동안 과제를 한다. 과제를 할 수 있게 되면 다음은 도서관에 가서 한 시간 책 읽기 를 목표로 한다. 그렇게 책상 앞에 앉는 시간과 도서관에서 책 읽는 시간을 늘려나간다.

다음 단계에서는 학교와 직장 근처까지 갔다가 돌아온다. 교실이나 자기 부서가 아닌 곳에서 한 시간 정도 있다가 돌아오기를 반복하고, 선생님이나 친구와 교실이 아닌 곳에서 만나고, 직장 상사와 전화로 대화를 하고, 업무 시간이 아닐 때 면담을 하는 등 조금씩 책임과 변화를 늘려간다.

경우에 따라서는 학교나 직장 복귀라는 목표에 얽매이지 말고, 학생이면 아르바이트를 한다거나 직장인이면 새로운 일을 알아보거나 직업훈련을 받는 것이 다시 사회생활을 시작하는 데 도움이 된다.

몇 년을 집 안에 틀어박혀 외출도 못했던 사람이 일을 할 수 있을 정도로 나아지는 데 도움을 주는 것이 집안일이다. 특히 청소와 요리가 도움이 된다. 우리 클리닉에서도 현재 몇 명의 환자에게 치료 차원으로 요리를 권해서 실제로 하고 있다. 요리는 매우 좋은 뇌 훈련으로, 요리를 할 수 있는 사람은 대개 일을 할 수 있게 된다.

목표를 작게 나누고 일단 최종 목표는 잊어버리는 것이 좋다. 당장 할 수 있는 것부터 시작해 작은 변화를 쌓아갈 때 큰 변화도 이루어진다. 아무리 자신감을 가져라, 적극적이 되어라 말해도 즉시 행동으로 이어지기는 어렵다. 작은 행동부터 변화를 이끌어주면 굳이 말하지 않아도 자신감을 찾고 적극적이 된다.

암에 걸렸을 때 스스로 치료법을 알아보며 적극적으로 대처한 사람은 수동적으로 치료를 받은 사람보다 예후가 좋았다. 5년 생존율이 한 자릿수에 불과한 암을 이겨낸 사람 가운데는 나을 것을 믿고 적극적으로 투병한 경우가 많다.

똑같은 고통이라도 스스로 선택한 것이라면 고통이 덜하다. 그 원리를 도입한 것이 수용전념치료를 토대로 한 만성동통 치료 프로그램이다. 통증 치료인데 이 프로그램에서는 '인생 에서 무엇이 중요하다고 생각하는가'를 묻는다. 처음에는 이 물음과 통증이 어떤 관계가 있을까 싶을 텐데, 사실 밀접한 관 계가 있다.

'통증과 고통을 피하기 위해서 자신이 소중히 여기는 것들 로부터 멀어지지 않았을까'를 물었을 때 많은 사람이 고개를 끄덕였다. 그리고 비로소 이 프로그램의 목표를 이해하기 시작 했다. 통증이 있어도 인생의 가치를 잃지 않고 자신의 능력을 키우는 것, 인생의 도전과 그에 따르는 불안이나 고통으로부터 도망치지 않는 것, 그것이 중요하다는 것을 배운다.

그전까지는 주인은 통증이고 자신은 그 통증의 노예였음을 깨닫는다. 그래서 앞으로는 통증을 이겨내고 자신이 인생의 주 인이 되려 한다. 이런 주객전도가 이 프로그램의 진짜 목적이 다. 이것이 이루어지면 증상뿐 아니라 생활의 어려움을 줄이는 데에도 약물 치료보다 훨씬 좋은 효과를 얻을 수 있다.

안전기지를 강화하는 법

해리 할로의 발견

마지막은 안전기지의 기능을 높이는 것이다. 본론으로 들어가기 전에 안전기지가 얼마나 큰 차이를 만드는가에 유명한 연구를 소개하자. 미국의 심리학자 해리 할로Harry Harlow는 실험용 동물을 살 돈이 없어 실험실에서 새끼 원숭이를 기르기 시작했다. 그런데 이것이 그에게 생각지 못한 어려움과 대발견을 가져다준다.

새끼 원숭이를 키우는 것은 힘든 일이었다. 영양과 습도 관리를 아무리 잘해도 튼튼하게 자라지 않았다. 일찍 죽어버리거나 살아남아도 생기 없이 멍하니 앉아 몸을 흔들거나 손가락만 빨 뿐이었다. 다른 새끼 원숭이와 같이 두려고 해도 강한 거부 반응을 보였다.

어느 날 바닥에 깔려 있는 천에 달라붙어 떨어지지 않는 새끼 원숭이를 본 할로는 천으로 인형을 만들어보았다. 그러자 새끼 원숭이는 하루 종일 그 인형에 꼭 붙어 지냈다. 세탁하려고 인형에서 떼어놓아야 할 때는 한바탕 난리가 났다. 확실한 애착이 형성된 것이다.

자신을 돌봐주는 것도 아닌 인형에 달라붙어 있는 일이 전부였지만, 새끼 원숭이의 발육 상태는 눈에 띄게 좋아졌다. 내친김에 할로는 천이 아니라 철사를 감은 인형을 만들어보았는데 철사 인형에는 젖병을 달아놓았음에도 불구하고 반응이 좋지 않았다.

그 후 인형을 천장에 매달아 새끼 원숭이가 움직이면 인형도 흔들리게 했더니 새끼 원숭이의 행동이 더욱 활발해졌고 안정감도 커졌다. 개와 같이 지내게 하자 교류가 더 늘고 정서도 안정되었다.

할로의 연구는 우리에게 놀라운 사실을 알려준다. 그것은 어머니의 존재가 성장하고 살아가는 데 반드시 필요하다는 것이다. 그러나 그것이 꼭 완전한 어머니일 필요는 없고, 불완전할지라도 그 기능이 조금이라도 충족되면 생존과 발달, 정서 안정에 크게 도움이 된다.

어머니, 즉 주양육자의 기능이란 무엇일까. 첫 번째는 하루 종일 함께 있을 수 있는, 안전하고 기분 좋은 존재로서의 기능이다. 두 번째 기능은 자신에게 반응해주는 것이다. 물론 보살펴주고 공감해주고 위로해줄 수 있다면 정말 좋겠지만 최소한의 역할로서 이 2가지 기능이 생존과 발달에 필요하다. 이 두 기능은 안전기지가 갖추어야 할 최소한의 조건이다. 이것 없이는 정상적인 성장은 힘들다.

할로의 새끼 원숭이들은 저등록인 동시에 예민한 경향을 보였는데, 그것은 방치당한 아이의 특성과 일치한다. 부드러워서 안았을 때 기분 좋거나 반응을 보여 안전기지의 기능을 높이는 것은 예민함은 물론 다른 기능도 개선될 가능성을 보여준다고 할 수 있다.

예민함과 가장 크게 관계하는 것

앞에서 언급했듯이 안전기지가 제대로 기능하느냐가 그 사람의 과거가 가혹했는지, 정확히는 가혹했다고 느끼는지보다, 또 인지가 긍정적인지 부정적인지보다 훨씬 더 예민함과 관계가 있었다. 긍정적 인지를 늘리고 이분법적 인지를 줄이면 덜 예민해지듯 안전기지 기능을 높이면 예민함도 개선된다.

실제로 매일의 임상에서 그것을 뒷받침하는 사실을 목격한다. 마음에 상처를 받았거나 불안정한 애착을 가진 환자의 상태가 나빠지는 경우가 있는데, 대개 그 사람에게 어떤 일이 있었다기보다 그 사람의 부모나 마음을 의지했던 사람, 상사 같은 중요한 존재와 문제가 생겼을 때다.

신기한 것은 환자 본인에 대한 치료보다는 환자가 자신의 마음을 의지하는 사람이 겪고 있는 어려움을 인정할 때, 또 그 사람에게서 환자 본인의 상태를 이해받을 때 효과적이었다. 왜

예민함 내려놓기

냐하면 본인에게 가장 중요한 것은 부모나 연인의 사랑을 받고 가까운 존재에게 받아들여지는 것이기 때문이다. 부모나 연인, 중요한 존재가 안전기지로서의 기능을 되찾으면 더 이상 아플 필요도 없어진다.

안전기지가 과거나 인지 문제를 초월해 예민함을 줄인다는 사실은 우리에게 큰 희망을 준다. 실제로 회복 전과 후 환자의 애착 안정성을 비교한 연구결과에 의하면 증상 회복과 애착의 안정성은 같이 일어난다.

많은 사례에서 회복 전 단계에서 애착의 안정화를 인정할 수 있었다. 이는 회복이 어려운 사례에서도 볼 수 있다. 대개는 그 사람에게 최선을 다한 의사나 의료 관계자와의 애착 안정성이 높아져서 표정이 부드러워지기 시작하면 다른 부분도 좋아진다. 표정이 부드러워진다는 것은 정신의학계에서는 매우 중요하게 여기는 회복 징후이다. 표정은 마음을 반영한다. 표정이 부드러워졌다는 것은 예민함도 누그러졌다는 표시다.

의료 관계자나 상담가가 임시 안전기지가 되어 거기서 안정된 관계가 만들어진다. 이것을 발판으로 부모와의 애착관계가 좋아지는 예도 있다. 절망적이었던 부모와의 관계가 좋아지면 예민함은 놀라울 정도로 개선된다. 주위를 모두 적으로 간주했던 사람이 상냥한 얼굴을 보이며 회복되기 시작하는 것은 예외 없이 애착이 안정될 때다.

애착을 안정적으로 만드는 접근법(애착 어프로치라고 한다)은 모든 증상과 문제행동의 개선에 효과적이다. 죽는 것 말고는 방법이 없다고 생각했던 사람도 살기 위해 대학 입시 공부를 하고, 자격증을 딸 준비를 시작하게 된다.

그러나 애착관계만큼 본인이 다루기 어려운 것은 없다. 애착관계가 뒤틀린 경우에는 부모나 파트너(때로는 상사)도 애착장애나 발달장애, 성격장애를 보일 때가 많아서 전문가도 환자 당사자보다 그 사람들에 대한 대응에 애를 먹는다. 특히 상대가 부모인 경우 자녀는 어릴 때부터 그 부모에게 지배와 통제를 받으며 성장했기 때문에 부모와 안정된 관계를 다시 쌓는 것은 매우 어렵다.

진심으로 변하려는 의지가 있어서 짧은 기간에 놀라운 변화를 보이는 경우도 있기는 하지만, 전문가의 노력이 있어도 전혀 달라지지 않는 부모와 파트너도 있다. 그런 경우 자녀나 배우자는 계속 힘들어진다. 대체 어떻게 하면 그런 막다른 상황에서 벗어날 수 있을까.

이 책의 마지막 부분에서는 예민한 사람이 안전기지를 확보하고 그 기능을 강화하기 위해 할 수 있는 방법들을 생각해보려고 한다. 그것은 예민함을 덜어내는 방법인 동시에 삶의 고달픔을 줄이고 자신의 능력을 발휘해 행복한 삶을 사는 방법이기도 하다.

애착은 함께 만드는 것이다

먼저 명심해야 할 것은 애착은 상호적이란 사실이다. 애정과 돌봄을 쏟을 때 돌봄을 받은 사람은 돌봐준 사람에게 애착을 갖는데, 돌봐준 사람도 상대를 소중하게 생각한다. 반대로 상대에게 짜증 내거나 불만만 느낀다면 상대도 똑같이 당신을 신뢰하지 않게 된다. 당신의 기분에 맞춰줄 수도 있지만 그것은 본심이 아니라 당신이 화를 내는 게 싫어서 그러는 것이다.

이럴 때는 본심은 감추고 거짓 관계만 지속하게 된다. '착한 아이'로 있으면 된다고 착각해 문제를 인식하지 못하는 경우도 많다. 부모와 자식의 애착이든 배우자와의 애착이든 기본은 똑같다. 애착이 불안정해진 사례의 대부분은 관계 부족 때문이고 일부는 강요나 강한 지배가 원인이다.

그러나 현실에서는 무슨 일이 일어나고 있는지 전혀 보이지 않는다. 대부분 상대의 잘못밖에는 보이지 않는다. 이때 자신을 돌아보는 작업이 필요하다. 자신을 객관시해서 상대의 잘못 때문에 문제가 일어났다는 관점을 버리고 자신의 문제로 보는 것도 필요하다.

이런 경우 흔히 상대가 바뀌지 않으면 다 소용없다고 생각하는데, 애착은 상호적이어서 상대에게 모든 잘못을 돌려버리면 상황은 나아지지 않는다. 상대가 바뀌지 않아도 자신의 태도와 생각을 바꾸면 관계가 개선될 여지가 생긴다.

단, 예민한 사람은 이분법적 인지에 빠지기 쉬워 자신이 사로잡힌 관점에서 못 벗어난다. 그렇기 때문에 앞에서 설명한 대처법으로 스스로를 훈련할 필요가 있다. 그렇게 하다 보면 조금씩 변화가 일어난다. 그리고 자신을 괴롭히는 것이 적이라고 생각한 상대가 아니라 자기 자신이었다는 것을 깨닫게 된다.

안전기지를 잃게 만든 것은 나 자신일지 모른다

상대가 안전기지가 되어주지 않을 때 그것을 한탄하고 상대를 질책한다. 그러나 애착은 상호적이라서 상대에게 안전기지가 되어주기를 원한다면 자신이 먼저 상대의 안전기지가 되어야 한다.

그러나 현실에서는 상대의 부족하고 서툰 부분만 질책하며 안전기지를 파괴하는 대응을 한다. 사람은 누구나 질책당하면 방어본능이 작동한다. 자신을 질책하는 상대에게 공감하기보다 자신을 지키는 것에 주의와 에너지를 쏟는다.

30대 후반의 F는 남편과의 관계가 서먹서먹하다. 요전에도 사소한 일로 크게 말다툼을 했다. 컴퓨터가 이상하니까 한번 봐달라고 했는데 남편은 F가 결혼 전 컴퓨터 강사를 했던 것을 들먹이며 '강사를 했으니 그 정도는 해결할 수 있지 않냐'고 쌀쌀맞게 말했다. 강사를 했던 것은 벌써 10년도 더 전이고 컴퓨터 운영체제도 바뀌었다. 할 수 없다는 것을 알면서도 그렇게 말하는 남편에게 F는 자존심이 상했고 폭발했다.

왜 그렇게 못되게 말해야 했는지 지금도 생각하면 화가 난다. F가 한바탕 화를 쏟아낸 후 이렇게 물었다. "남편이 냉정하게 말한 것은 혹시 남편도 아내에게 똑같이 느껴서 복수를 한 건지도 몰라요. 뭔가 짚이는 거 없나요?"그러자 F는 눈을 크게 뜨며 "있어요." 하고 대답했다. "최근에 남편에게 자기 일은 자기가 알아서 하라고 했거든요."

그렇게 말하며 최근 1~2년 사이에 남편의 도시락을 싸고, 차로 역까지 데려다주고, 남편의 빨래를 개는 일 전부에서 손을 떼서 남편이 스스로 하게 되었다고 했다. 육아가 힘들어 남편을 챙기지 않게 된 것이다. 그러나 남편을 의지하는 것은 그대로이거나 오히려 커져서 그것을 해주지 않으면 짜증이 났다.

"남편은 아내가 상냥하게 대한다고 느낄까요?" F는 한숨을 크게 내쉬었다. "자상하지 않다고 남편만 질책했는데 다정하게 대하지 않았던 것은 저였어요." F는 자신을 뒤돌아보고 "앞으로는 예전처럼 다정하게 대해야겠어요." 하고 희망을 본 듯 밝은 표정을 지었다.

사람은 어쨌든 자기 생각밖에 하지 않는다. 차가워졌다, 다정하지 않다고 상대를 질책하면 상황은 더 나빠진다. 자신을 돌아볼 수 있어야 상황이 바뀐다. 자신을 차갑게 대한 것에 화를 내기보다 자신이 그 씨앗을 뿌리지 않았는지 돌아본다. 상대에게 짜증과 화를 낸 것은 상대에게 의존하고 큰 기대를 했는데 더 이상 그렇게 할 수 없기 때문이 아닐지 자신에게 물어보자. 그것은 상대의 실수라기보다 당신의 기대가 컸거나 당신도 모르게 상대에게 한 행동의 결과일지 모른다.

상대가 자상하지 않다고 화를 내면 상황은 나빠질 뿐이다. 상대의 친절을 받기 위한 가장 빠른 지름길은 당신이 먼저 친절해지는 것이다. 안절부절못하고 화가 날 때 자신이 상대라면 어떻게 할지 입장을 바꿔서 생각해보자. 그러면 전혀 다른 관점을 갖게 될 것이다. 그런 상상을 해보면 자신의 관점에서 벗어나 더 큰 시야로 세상을 보게 된다.

당신을 밀어내는 것은 진심이 아니다

상대를 의지하는데 상대가 뜻대로 움직여주지 않으면 화를 내고 공격하는 사람은 양가형 애착(노골적 분노 성향) 성향이 뿌리 내리고 있다. 양가형 애착은 어머니 등의 양육자에게 사실은 어리광을 부리고 싶은데 거부하거나 공격하는, 실제 속마음과 반대로 행동하는 애착 유형이다. 그런 행동을 하는 것은 어머니의 사랑을 받고 싶어서다. 관심을 끌고 싶어서 난처하게 만드는 것이다.

양가형은 넘치는 애정과 부족한 애정이 불균형을 이룰 때 일어나기 쉽다. 어머니가 귀여워하다가도 갑자기 뿌리치거나 무

예민함 내려놓기

관심하고 차가워지는 등의 극단적인 태도를 보여준 경우 그런 경향을 보인다. 이는 어머니의 지배와 밀접한 관계가 있다. '착한 아이'일 때는 귀여워하는데, 자신을 힘들게 하는 '나쁜 아이'가 되면 외면하거나 뿌리치는 것이 전형적이다. 한마디로 무조건적인 사랑이 아니라 조건부 사랑이다.

부모의 조건에 휘둘리며 자란 사람은 자신도 모르는 사이 상대방이 자신이 기대한 대로 움직이면 '좋은 사람'이라고 생각해서 전적으로 긍정하지만 기대에 조금이라도 어긋나면 '나쁜 사람'으로 간주하고 부정하는, 전부가 아니면 전무라는 이분법적인 태도를 갖는다. 무조건 사랑받은 경험이 없으므로 그 사람도 무조건 사랑할 수 없다. 처음에는 전부 긍정하고 이상화하지만 흠이 보이면 속았다고 생각하고 다 부정해버린다.

그러나 상대를 전부 부정하는 것만큼 인간관계를 망가뜨리는 행위는 없다. 아무리 상대를 소중히 생각하고 온 마음을 다 했어도 '당신 같은 인간은 최악이다', '얼굴도 보기 싫다', '만나지 말았어야 했다' 같은 말을 해버리면 지금까지 두 사람이 쌓아온 모든 것이 물거품이 되어버린다. 그런데 양가형인 사람은 반은 진심에서, 그리고 반은 상대를 동요시키기 위해 일부러 그런 말을 한다.

이런 말을 하는 것도 상대의 관심을 끌어서 더욱 사랑받고 싶기 때문이다. 어머니의 사랑을 받고 싶어서 떼를 쓰는 어린 아이와 본질은 똑같다. 그러나 이런 행동이 반복되면 아무리 견고해 보이는 관계도 결국 돌이킬 수 없는 지경에 이른다. 아무리 상처를 받아도 변하지 않는 애정이란 존재하지 않는다. 애착은 상호적인 것으로, 상대를 부정하고 적의를 보이면 상대 역시 그렇게 변한다.

양가형 애착인 사람은 자신의 경향을 늘 염두에 두고 상대를 전부 부정하는 말이나 공격을 하지 않도록 주의해야 한다. 또 양가형인 사람을 대할 때는 상대가 당신을 부정하고 세상에서 가장 증오하는 존재로 대하고 공격해도 그대로 받아들여선 안 된다. 그 깊은 곳에는 사랑을 갈구하는 마음이 있기 때문이다. 그러나 그 순간에는 그것을 깨닫지 못하고 진심으로 상대를 저주하게 된다. 이것이 양가형이 양가형인 이유이고, 슬픈 운명이다.

아내에 대한 학대를 극복한 남성

대학교수인 W는 온화하고 이성적인 인상의 30대 후반의 남성이다. 아내 U도 그렇게 믿고 W와 결혼했다. 그러나 신혼생활이 반년쯤 지났을 때 U는 남편의 다른 면을 알게 되었다. 그것은 부탁받은 서류를 깜빡하고 남편의 가방에 챙겨 넣지 못한 일이 계기가 되었다. 퇴근하자마자 집으로 달려온 남편은 미안하다고 말할 사이도 없이 "당신이 무슨 짓을 했는지 알아?" 하고 소리를 지르며 화를 냈다.

U는 주뼛거리며 사과했다. 자신 때문에 남편이 난처해졌으니 화를 내는 것도 무리는 아니라고 생각했다. 두 번 다시 이렇게 화내지 않도록 정신 차리자고 생각했다. 그런데 아무리 조심해도 때로 실수나 착각을 하기 마련이다. 그럴 때면 평소에는 온화했던 남편이 다른 사람처럼 돌변했다. "내 일을 가볍게 생각하는 거야? 집안일 좀 하는 거랑은 다르잖아!" 소리를 치며 몰아세우면 U는 거기에 맞서 달리 할 말도 없었다. 아내가 울며 사과할 때까지 W는 용서하지 않았다.

그래도 평소에는 자상해서 둘 사이에는 아이가 생겼다. 학생을 가르치는 일을 하는 남편이라면 분명 좋은 아버지가 되어 줄 거라고 생각했다. 그런데 아이가 생기자 남편의 짜증과 정신적 학대는 더욱 심해졌다. 아내는 남편의 공격이 정상이 아니라고 생각해 상담기관을 찾았다.

아내는 그곳의 도움을 받아 일단 아이를 데리고 남편에게서 벗어나기로 했다. W는 격앙해서 아내에게 문자 메시지를 수십 통 보냈는데, 결과적으로 거리를 둔 것은 잘한 일이었다. 차츰 냉정을 찾은 W는 이대로는 아내도 아이도 잃는다는 현실을 직시하고 무슨 일이든 해야 한다고 생각했다. 그리고 상담받기를 자처했다.

처음에는 아내에게 문제가 있다고 생각했는데 혼자 생활하며 집안일까지 해보니 자신이 아내에게 얼마나 부담을 주었는지 알게 되었다. 그는 아내가 완벽하고 이상적인 여성이 되기를 바랐다는 것을 깨달았다. 거기에는 W의 성장과정도 관계있었다. 그의 어머니는 그가 초등학교 1학년 때 집을 나갔고, 그는 할머니 손에 자랐다. 할머니는 그의 응석을 받아주었지만 모든 것을 충족시켜주지는 못했다.

별거한 지 반년쯤 지났을 때 W는 밝은 얼굴로 나타났다. 자신이 아내에게 너무 큰 기대를 하고 있었다는 것을 깨달았다고 했다. 그리고 아내가 따라주지 못하면 자신이 원했던 아내가 아닌 것 같고 배신당한 것 같아서 화가 났다고 했다.

그러나 사실 그것은 아내에게 화가 난 것이 아니라 자신을 버린 어머니에 대한 분노였다. 또 그 분노 끝에 있는 기분도 알게 되었다. "나 자신은 아무것도 하지 않으면서 아내가 구해주기를 바랐는데 그렇게 되지 않은 것에 화가 났어요. 그런데 그건 잘못된 거죠. 남에게 의존하지 않고 스스로 어떻게든 해야 하는 거였어요. 결국 자신을 구할 수 있는 것은 자신이란 것을 깨달았죠." 이런 깨달음이 아내와의 관계를 회복하는 출발점이 되었다.

말버릇이 안전기지를 파괴한다

사람에게는 사고습관이란 것이 있다. 사고습관은 말투에 담긴

예민함 내려놓기

다. 자신도 깨닫지 못하는 말버릇이 당신의 안전기지를 좀먹고 당신을 예민하게 해서 상처받고 불행하게 만들지도 모른다.

예를 들어 자주 보는 말버릇 중 하나가 '그게 아니다.' '틀렸다' 하고 상대의 말에 바로 이의를 제기하는 버릇이다. 똑같은 의미인데도 아주 작은 차이에 집착해서 '아니다'라고 말하는 사람도 있다. 심리조작 세계에서는 잘 알려진 내용인데, 사람은 이쪽의 발언에 '예스'라고 대답할수록 신뢰하게 된다. 그래서 상대의 신뢰를 얻으려면 가능한 한 상대가 '예스'라고 할 만한 말을 하는 것이 좋다.

반대로 '노'라는 대답이 늘어날수록 둘 사이에 친밀함과 신뢰가 생기기 어렵고 경쟁심과 경계심이 생기게 된다. 즉, '틀리다'는 말은 상대를 거부하거나 가까이 오지 못하게 하기에는 효과적인 말이지만 안전기지가 되는 사람에게는 적절치 않은 말이다. 상대의 말에 '틀리다'고 다섯 번만 반복해 말하면 상대는 더 이상 말하고 싶지 않아진다. 당신에 대한 공감도 흥미도 사라지고 얼른 당신으로부터 벗어나려 할 것이다. 왜냐하면 '틀리다'는 말은 작은 가시가 되기 때문이다.

'왜 그런 것도 몰라?', '왜 그 정도도 못해줘?'라는 말을 자주 하는 사람이 있다. 이런 말투도 안전기지와의 관계를 두텁게 하는 데 적당하지 않다. 이런 식의 반어적이고 역설적인 표현에는 질책하는 느낌이 있어서 상대는 솔직해지기보다 오기를 부리게 되기 때문이다.

고분고분한 반응을 원하면 먼저 솔직해져야 한다. '왜 안 해줘?'가 아니라 '해주면 고맙겠어' 하고 솔직하게 부탁하는 것이 좋다. 질책하고 헐뜯고 비판하는 버릇도 안전기지의 기능을 떨어뜨린다. 질책이 아니라 감사하고, 헐뜯는 대신 칭찬하고, 비판이 아니라 공감하는 것이 안전기지를 얻는 데 도움이 된다.

의존과 자립의 균형 맞추기

애착은 상대의 안전기지가 되어줄 때 성립하는 관계다. 그 본질은 의존과 돌봄이다. 어릴 때부터 자기 일은 스스로 하는 것이 중요한데 그것이 지나치면 아무에게도 어리광 부리지 않고 의지하지 않는, 냉철한 사람이 되기 쉽다. 이런 사람들은 아무와도 친해지고 싶어 하지 않는 회피형 애착을 보인다. 또 애착 관계 없이 차가운 현실에 적응해버린다.

모든 것은 적당해야 좋은데 지나치게 의존하는 경우에는 스스로 하는 일을 늘리는 것이 필요하고, 거꾸로 절대 의존하거나 어리광 부리지 않는 경우에는 사람에게 의지하는 방법을 배워야 한다. 종종 착각하는 것이 의존은 나쁜 것이고 자립은 좋은 것이라는 단순한 생각이다. 사람이 건강하게 살아가기 위해서는 의존도 자립도 필요하다. 중요한 것은 이 둘의 균형이다.

부부 관계에서 자주 일어나는 잘못은 배우자가 너무 의존한

예민함 내려놓기

다고 생각해 자립시키려고 갑자기 뿌리치는 태도를 취하는 것이다. 그 결과 공격과 반목이 심해져 관계가 악화된다. 관계를 끝내고 싶은 게 아니라면 그래서는 안 된다. 의존을 인정하지 않는 것은 안전기지임을 거부하는 것과 마찬가지여서 애착관계는 끝나버린다.

여유가 없고 너무 힘들어서 배우자에게 이야기하거나 일을 부탁했다고 하자. 그런데 배우자가 '왜 내가 그런 일을 해야 하나. 남에게 의지하지 말고 스스로 알아서 해라'라는 반응을 보였다고 하자. 배우자의 바람에 응하기는커녕 '늘 사람한테 의지하려고 하지 마라' 하고 설교와 인신공격까지 더해질지도 모른다. 그렇게 되면 그 사람에게 배우자는 의지처는커녕 자신을 공격하는 존재가, 안전기지가 아닌 위험지대가 되어버린다.

그런데 현실에서는 이런 일이 자주 일어난다. '우는 얼굴에 벌침(설상가상이라는 의미)'이라는 말이 있는데 그 벌침이 자신이 의지했던 배우자의 한마디일 때가 있다. 회피형 사람은 상대의 부탁이 귀찮아서 무관심한 척하는 경향이 있다. 불안형인 사람은 자신의 이야기를 들어주고 함께 고민해주기를 바라기 때문에 무시당하면 굉장한 스트레스를 느낀다. 불안형인 사람은 상대가 자신의 요구를 들어주면 '좋은 사람'이라고 생각하는데 들어주지 않으면 순식간에 '나쁜 사람'으로 생각해 공격하기도 한다.

회피형인 사람은 자신은 나쁜 짓을 한 기억이 없는데 갑자기 상대가 화를 내고 질책한다고 느껴 또 '히스테리'나 '짜증'을 부린다고 생각한다. 그러나 사실은 상대가 기대려고 했을 때 무뚝뚝하게 대한 것이 방아쇠가 되었던 것이다. 안정된 애착관계로 안전기지를 확보하느냐는 당신 자신의 태도와 반응이 상대에게 안전기지로 느껴지느냐에 달렸다.

> **안전기지를 안전하게 만들기 위한 질문**
> - 당신에게 가장 안전기지가 되는 사람은 누구인가
> - 당신은 그 사람에게 안전기지 역할을 하고 있는가
> - 당신의 안전기지를 안전하게 유지하기 위해 할 일은 무엇인가

안전기지가 되어주지 않는 사람과는 거리를 둔다

당신이 아무리 노력해도 상식이 통하지 않거나 도저히 궁합이 안 맞는 상대도 있다. 가령 부모라고 해도 안전기지가 되지 못하는 경우도 있다. 아이는 그런 부모여도 사랑받으려고 눈물겨운 노력을 하는데 그것이 전혀 통하지 않는다. 부모를 만나기만 해도 몸이 아파지는 예도 드물지 않다.

좋아해서 같이 있고 싶은 연인이었어도 성적(性的)으로 끌리는 시기가 지나고 나면 감정과 가치관이 다른 상대에게 환상을 품었을 뿐이라는 것을 깨달을 때도 있다. 서로가 달라도 안정된

예민함 내려놓기

애착이 키워진 경우에는 계속 상대를 배려하고 자상하게 대해 안전기지가 되어준다. 그러나 애당초 어느 한쪽의 애착이 약하거나 혹은 양가적으로 불안정하면 분노나 혐오감만 커진다. 그렇게 되면 전혀 다른 사람끼리 억지로 묶여 있어 서로를 아프게 하는 관계가 되어버린다.

친구나 직장 상사, 동료와의 관계도 마찬가지다. 어느 정도 거리가 가까워졌을 때 문제가 일어난다. 거리가 있을 때는 아무 문제없이 좋은 인상을 주었던 사람도 가까워져야 안전기지가 될 수 있는 존재인지 아닌지가 확실해진다. 이쪽이 안전기지가 되려고 노력하는데 상대는 그렇지 않다는 것을 알았을 때 할 수 있는 최선의 방법은 그 사람으로부터 물리적·심리적으로 거리를 두는 것이다.

애착관계는 가까워졌을 때 작용한다. 불안정한 애착은 거리가 가까워지면 스위치가 켜진다. 상대와 멀어지는 것이 냉정함을 되찾아 병적인 지배나 공격을 막는 방법이다. 물리적으로 거리를 두는 것은 매우 좋은 대책이다.

물리적으로 멀어지는 것이 어려운 경우는 심리적으로 거리를 두는 것만으로도 효과를 얻을 수 있다. 심리적으로 거리를 둔다는 것은 상대를 노골적으로 냉담하고 무관심하게 대하는 것이 아니다. 그런 방법은 상대가 공격으로 여겨 심리적인 괴롭힘으로 받아들일 수도 있다.

그렇게 되면 당신이 나쁜 사람이 되고, 상대의 반격으로 더욱 피곤해질 수 있다. 물리적인 거리를 두기 어려운 상황에서 냉전으로 대치하는 것은 에너지 낭비다. 오히려 이 사람은 그런 사람이라고 단정해버리는 것이 현명하다. 상대의 자존심이 상처받지 않게 형식적으로는 배려하지만 심정적으로는 깊이 관계하지 않는다. 상대를 어떻게든 바꿔보려고 애쓰지 말고, 기대에서 벗어난 것을 한탄하고 질책하지 않는다. 길 위의 걸리적거리는 돌덩이나 방을 같이 쓰는 괴짜 룸메이트라 생각하자. 굳이 부딪치려 하지 말고 겉으로는 예의를 차리면서 서로의 영역에는 들어가지 않도록 한다.

내가 나의 안전기지가 되어야 한다

좋은 사람을 만나지 못했거나 사람과의 관계에서 상처를 받았다면 타인에게 안전기지를 기대하는 것 자체가 어려워진다. 그런 경우 안전기지가 되어주는 것은 연애나 가정보다 오히려 일이나 취미일 때가 많다.

현대인들은 점점 자기애와 회피경향이 커지고 있다. 그것은 심리적·사회적·문화적인 특성인 동시에 생물학적인 변화일지 모른다. 우리가 사는 환경은 최근 수십 년간 크게 변화했다. 우리는 이미 백 년 전에 살았던 인류와 같지 않다. 백 년 전과 마찬가지로 사람들과 친하게 지내는 것을 좋아하는 사람이 있

예민함 내려놓기

는 것은 다행스러운 일이다. 그러나 그렇지 않은 사람도 늘고 있다. 그런 새로운 특성은, 좋다 혹은 나쁘다로 가치판단될 문제가 아니라 인류에게 일어나고 있는 현실적인 변화다.

사람이 사람에게서 안전기지를 찾는 시대는 어쩌면 끝나가고 있는지도 모른다. 머지않아 안전기지를 AI(인공지능) 로봇에게서 찾게 될 수도 있다. 애착의 본질상 우리에게 중요한 것은 그것이 로봇이냐 인간이냐 하는 것보다 자신이 원할 때 상대해주느냐 아니냐다.

해리 할로의 실험이 훌륭하게 보여주었듯이, 아이는 무뚝뚝한 어머니보다 상냥하게 반응해주는 로봇을 훨씬 좋아한다. 우리가 할 수 있는 최선의 방법은 자신이 자신의 안전기지가 되는 것일지 모른다. 그렇게 하기 위해서는 뜻대로 되지 않아도 스스로를 질책하지 않는 것이 중요하다. 사람에게 지나치게 바라지 말고 자기 나름대로 해보는 것도 중요하다.

다른 사람의 평가나 생각에 흔들리지 않는 마음을 키워 자신의 행동을 긍정할 때, 주위와의 관계도 안정된다. 그리고 당신 속의 예민하고 상처받기 쉬운 마음도 점차 외부 세계와 균형을 이룰 것이다.

예민함을 이해하고 극복하는 것을 목표로 첫걸음을 떼기 위한 레슨이 끝났다. 나 자신의 체험과 지금까지 30년간 정신과 의사로서 배우고 경험한 것 가운데 예민함을 극복하는 데 도움이 되는 내용을 설명했다. 지금부터는 당신 자신의 의지와 노력으로 나아가야 한다.

마지막까지 읽어준 여러분은 예민함이 단순한 신경 차원에 머물지 않고 매우 깊고 심오한 곳에 뿌리내리고 있다는 것을 이해했을 것이다. 이 곤혹스러운 특성도 그 성질을 알고 적절히 마주하면 긍정적인 힘으로 바꿀 수 있다.

예민하기 때문에 조금은 멀리 돌아가고 불필요한 수고를 해야 하는 경우도 많을 것이다. 그러나 분명 거기서 배우고 깨닫는 것도 있다. 그렇게 하기 위한 힌트를 이 책에서 얻을 수 있다면 저자로서, 또 같은 고통을 안고 살아온 벗으로서 크게 기쁠 것이다.

　마지막으로 예민함 조사에 협력해준 분들과 이 원고의 완성을 끈기 있게 기다려준 출판사 편집부의 요쓰모토 교코에게 감사의 말을 전한다. 그리고 책을 읽어준 여러분의 인생이 행복하기를 진심으로 바란다.

옮긴이 홍성민

성균관대학교를 졸업하고 교토 국제외국어센터에서 일본어를 수료했다. 현재 일본어 전문 번역가로 활동 중이다. 옮긴 책으로 《세계사를 움직이는 다섯 가지 힘》, 《나를 사랑할 용기》, 《아들러에게 배우는 대화의 심리학》, 《물은 답을 알고 있다》, 《인생이 빛나는 정리의 마법》, 《명화를 결정짓는 다섯 가지 힘》, 《무서운 심리학》 등이 있다.

예민함 내려놓기

초판 1쇄 발행 2018년 8월 16일
초판 8쇄 발행 2023년 5월 25일

지은이 | 오카다 다카시
옮긴이 | 홍성민
발행인 | 김형보
편집 | 최윤경, 강태영, 임재희, 홍민기, 김수현
마케팅 | 이연실, 이다영, 송신아
디자인 | 송은비
경영지원 | 최윤영

발행처 | 어크로스출판그룹(주)
출판신고 | 2018년 12월 20일 제 2018-000339호
주소 | 서울시 마포구 양화로10길 50 마이빌딩 3층
전화 | 070-5080-4037(편집) 070-8724-5877(영업)
팩스 | 02-6085-7676
이메일 | across@acrossbook.com

한국어판 출판권 ⓒ 어크로스출판그룹(주) 2018

ISBN 979-11-6056-054-1 03180

만든 사람들
편집 | 최윤경 교정교열 | 안덕희 표지디자인 | 양진규 본문디자인 | 성인기획